禅境 中国

U0129592

精品购物指南报社　编著

清华大学出版社

北京

图书在版编目（ＣＩＰ）数据

禅境中国 / 精品购物指南报社编著. —— 北京: 清华大学出版社, 2014
（乐游中国）
ISBN 978-7-302-35136-8

Ⅰ. ①禅… Ⅱ. ①精… Ⅲ. ①旅游指南 – 中国 Ⅳ.①K928.9

中国版本图书馆CIP数据核字(2013)第012428号

责任编辑：纪海虹
封面设计：郭宏观
版式设计：于珊珊
责任校对：王荣静
责任印制：杨　艳

出版发行：清华大学出版社
　　　　　网　　址：http://www.tup.com.cn，http://www.wqbook.com
　　　　　地　　址：北京清华大学学研大厦A座　　　　邮　编：100084
　　　　　社 总 机：010-62770175　　　　　　　　邮　购：010-62786544
　　　　　投稿与读者服务：010-62776969, c-service@tup.tsinghua.edu.cn
　　　　　质量反馈：010-62772015, zhiliang@tup.tsinghua.edu.cn
印 刷 者：北京鑫丰华彩印有限公司
装 订 者：三河市新茂装订有限公司
经　　销：全国新华书店
开　　本：148mm×210mm　　印　张：5.25　　　字　数：173千字
版　　次：2014年5月第1版　　印　次：2014年5月第1次印刷
印　　数：1~4000
定　　价：35.00元

产品编号：049413-01

精品購物指南 报社
LIFE STYLE

编 委 会：张书新 李　文 王明亮
　　　　　徐　方 谷玉恒 乔福刚
　　　　　郭有祥 管　洁 赵跃红
主　　编：徐　冰
执行编辑：邱　卉

话说禅意

从藏传佛教开始

王尧，中国文化书院导师、中央民族大学藏学院教授、藏学家、民族史学家、北京大学教授、中国佛教文化研究所特邀研究员。

佛教在中国流传两千多年，在不同的区域、不同的民族、不同的历史阶段扮演着举足轻重的角色。为什么会出现这些现象，我们有必要去了解。希望藏传佛教和汉地佛教加强联系，共同为和谐社会的建设作出贡献。

藏传佛教的由来

传承各异、仪轨复杂、像设繁多，是藏传佛教有别于汉地佛教的一个显著特点。

佛教传入中国两千多年，逐步成为中国文化组成部分。藏传佛教是我们国家的佛教三大语系之一。三大语系分别是藏语系、巴利语系和汉语系，构成了中国佛教的完整体系。藏传佛教有两层含义：一是指在藏族地区形成和经藏族地区传播并影响其他地区（如蒙古、不丹等）的佛教；二是指用藏文、藏语传播的佛教，如蒙古、纳西、裕固、土族等民族即使有自己的语言或文字，但讲授、辩理、念诵和写作仍用藏语和藏文，故又称"藏语系佛教"。清王朝通过尊奉藏传佛教，与生活在西藏、云南、四川、青海、甘肃、新疆、内外蒙古和东北地区的蒙、藏民族建立了强大有力的共同的精神信仰纽带，进而控制了东北到西北、西南的广大地区，为入关统一中国创造了重要条件。藏传佛教后传入青海、四川、甘肃、内蒙古、云南及今蒙古国，13世纪后又开始传入元、明、清宫廷，对中央政府的治藏政策和宗教政策产生了重大影响。藏传佛教还先后传入尼泊尔、不丹、拉达克等地。20世纪初，开始传入欧美，分别建有传教中心或藏传佛教研究机构，并得到发展，现已成为西方国家的宗教信仰之一。

公主将佛教初传藏地

藏传佛教起源，与唐代两位公主——文成公主、金城公主密不可分。公元7世纪，藏王松赞干布建立吐蕃王朝后，佛教从汉区和印度传入西藏。在吐蕃与唐王朝和亲后，18岁的文成公主远涉千山万水，花了3年时间走到了吐蕃，一住就是30多年。两位公主分别带去了释迦牟尼8岁等身像和释迦牟尼12岁等身像，以及大量佛经。依据藏地佛教史记载，松赞干布本身为十一面千手观音，文成公主与尺尊公主分别为绿度母和白度母，后建大昭寺和小昭寺。文成公主带去的释迦牟尼佛像供奉在一座称为"甲达绕木契"的佛堂之内,人们译为小昭寺。藏王在拉萨四周建立了寺院。藏族人不远千里,沿途三步一拜磕着大头(五体投地)走到拉萨,为的就是在一生中能朝拜释迦牟尼佛等身像,那是藏民心目中最神圣之地。

藏王派了16位青年到印度学习,16人当中只有"屯米桑布扎"一个人活着回来,他就是藏文的创造者。藏文字的创造,为后来的译经事业奠定了基础。公元710年,唐中宗时期,大唐金城公主又远赴藏地与赤德祖赞联姻。在金城公主的参谋下,藏王令高僧译了不少汉地佛经,又派藏人赴汉地取经,唐王赐经千卷。此后,藏王二次迎请印度寂护大师及莲花生大师入藏兴佛。这位著名的藏王赤松德赞即金城公主的儿子。在赤松德赞的支持下,莲花生大师首先为佛教建立了第一座剃度僧人的寺院——桑耶寺。最初的小昭寺是为了供奉释迦牟尼佛等身佛像而建的殿堂,还称不上是一个具足佛、法、僧三宝的寺院。"桑耶寺"建成后,藏王请莲花生大师灌顶,并剃度贵族子弟7人出家,史称"七觉士",接着王室大臣子弟相继为僧者300人,从此,藏地才有了正式的喇嘛僧团。

8世纪时,佛教在藏区得到了很大的发展。在赤松德赞大力扶持下,创办译场,三大译场为秦浦(Mchims-phu)、庞塘(Phang-thang)、登迦(Idan-kar),分别从汉、梵文中译出佛教典籍4000多部,并编定目录,藏文大藏经的内容基本形成。藏文大藏经(Tibetan Canon)包括:甘珠尔(bkavvgyur),一切经,皆佛所说;丹珠尔(bstanvgyur)即一切论,皆佛弟子及后人所说。

佛教给藏地带来了文明时期。两位汉地公主完成了汉藏融合的神圣使命,同时也为佛教弘传作出了巨大贡献。56个民族之一的藏族人口虽只有560万,但藏族对佛教的贡献可以与汉地13亿人口的佛教影响相匹配。

话说禅趣

西天取经

　　《西游记》中的西天，说的是佛教的起源地天竺，也就是现在的印度。由于印度位于中国西南方，故略称西天。

　　看《西游记》，觉得西天这回事也就是师徒四人的一个念想。研究史学的专家不喜欢拿《西游记》说事，因为他们很难从中看到诸如历史背景之类的东西，只看到整个小说文本充满了没头没脑的"革命乐观主义精神"。

　　按照历史记载，唐朝有两个西天取经的高僧：一个是唐朝开国初年之玄奘，也就是唐僧；另一个即是悟空。玄奘的事情不必多说，悟空原名车奉朝，天宝九年，罽宾（现在的克什米尔）派使节来中国，朝中派张韬光等前去宣慰，车奉朝也是随员中的一个。启程返国时，车奉朝生重病，留了下来，病中发下誓愿，能痊愈的话，一定出家，后来真的在至德三年出了家，法号悟空，贞元五年才跟随唐朝的使节段明秀回到长安。悟空在罽宾、疏勒、于阗、龟兹、北庭等地一住30年，加上往返共39年，比玄奘西天取经的16年多了一倍还不止。因此历史上悟空走的路远比唐僧艰难得多。

佛像从西来

从历史记载来看，佛像的出现与古希腊文化的影响、希腊雕塑技艺的传入有密切关系。

在古印度曾有位光照千古的人物——阿育王，历史上他用非凡的武力灭掉了印度半岛几十个国家，建立起强大的孔雀王朝。由于杀伐、纷争太多，世人称他"魔鬼阿育"。后来他幡然醒悟，痛悔不已，转向大力宣扬佛教，治理人心。他派遣了许多传教士向世界各地传播佛法，还派遣一些僧侣去了古希腊这个当时有"雕塑王国"之称的国家。

古希腊栩栩如生的雕塑作品深深影响着古印度的传教艺术家和民间工匠们，他们认为仅仅以"空白"、"法座"、"莲花"等来代表佛像显得太不够了！他们汲取了希腊人对人体艺术的表现形式，打破以往的传统思想，直接以人物的形象来表现佛陀的容貌和身体。

大约在公元1世纪前后，由于大乘佛教思想的形成，佛像才慢慢地大量出现。大乘佛教以"普度众生"为目标，它们认为："佛陀的肉身虽然去世了，但他的法身却依然与世长存，而且无处不在、无所不能。只要在修行时设置佛陀的形象，一心观想，忆念佛的伟大庄严，那么佛的法身就会永远与你同在。"同时，这一时期出现了许多大乘佛教经典，经中都极力赞颂造佛像具有巨大的功德，可以得到无穷的福报，等等。

受大乘佛教影响，艺术家们意识到造佛像和供奉佛像会产生和积累很多功德，是最好的修行。在佛像前，观想佛的庄严以及佛教教义的深奥玄妙，进而进入禅思的境界，有利于自己的宗教修习实践。于是当大乘佛教兴起后，一个建造和制作佛像的热潮也跟着出现。这时大乘佛教徒们开始大量制作佛经里所讲到的各种各样的佛、菩萨像，因此各种佛像很快就在社会上流行传播开来。

ANCIENT HERMITAGE
古寺归隐

　　归隐，有人为了得到内心的平静，有人为了逃避世事的纷扰，有人则为了探寻佛法的精髓，无论怎样，你的内心一定要海阔天空。中国隐士传统的一个循环话题是，与其说隐居意味着放弃社会，不如说它意味着放弃贪欲。无数隐士在这静谧的山谷中找寻一个修造自己的地方，却不知那一方净土其实早已在得道者的心中。

禅意北京
一寺倾心——12座古刹的清隐静修

▌统筹/李佳　撰文/李佳　黄建伟　杨磊　孙梦莹　编辑/李佳　黄建伟　杨磊
摄影/Zack　黄建伟　孙梦莹　子鹏

　　北京的春天是极不容易把握的，它总是端着架子姗姗来迟，又总是悄无声息地扬长而去。纵使公园里的春花烂漫妖娆，纵使山谷里的春色风情万种，但还有一种清幽素雅的春意隐匿在京城旷野的名刹古寺之中。你想或不想，它就在那里，不来，不去。

北京春日十二"刹"

刹，佛塔和佛寺的统称，即佛教的寺庙。

古刹，年代久远的寺庙。

早在南北朝时期，即有对北方古刹的记载，有诗为证："燕山对古刹，代郡隐城楼。"（徐陵《出自蓟北门行》）而北京的古刹亦是名目众多，历史悠久。

潭柘寺

最古老的要数潭柘寺，建于西晋时期，距今1700年，比少林寺还要早100多年。因此有「先有潭柘寺后有北京城」一说。

贰

红螺寺

说。

普陀北红螺之奉道场，有南观音为主的供于东晋，是以于潭柘寺，始建则略晚

叁

通教寺

林」。名为「通教禅建为尼寺，更创建，清代改为明代一太监考。相传最早代已无史籍可其创建年

肆

戒台寺

整的寺院。物最多、最完前保存辽代文是中国北方目元（622年），武德五年（公始建于唐

伍

白瀑寺

布而得名。因背临两处瀑始建于辽代，山环抱之中，沟区雁翅镇群位于门头

柒 云居寺

建于隋末唐初，有全国闻名的房山石经。

陆 法源寺

就坐落在宣武门外教子胡同南端，建于唐代李世民时期，有1300多年的历史，是中国佛学院的所在地。

玖 灵光寺

供有佛牙舍利，位于北京风景秀丽的西山八大处，比法源寺略晚，是一座有1200多年历史的佛家古刹。

捌 朝阳寺

始建于明万历年间，因庙坐北朝南又位于群山怀抱的向阳地区而得名。

拾壹 卧佛寺

早于灵光寺晚于法源寺，介于二者之间，位于香山植物园内，供有释迦牟尼涅槃像。

拾 法海寺

京西著名古刹，始建于明正统四年（公元1439年），寺有"五绝"，即明代壁画、古铜钟、白皮松、藻井曼陀罗和四柏一孔桥。

拾贰 大觉寺

建于辽代，寺内遍布清泉、古树、玉兰，清静幽深，自然朴趣。

禅境中国

遇

法海寺除了诗情还有画意

对于大部分人来说，"法海寺"的名字听上去有些陌生，即便是住在石景山的人，知道它的也不多。偶然听说模式口大街就是从前京西古道的起点，萌发了想去一探究竟的念头。

【古刹沉浮】

法海寺是京西著名古刹，始建于明正统四年（公元1439年），动用木匠、石匠、瓦匠、漆匠、画士等多人，历时近五年，至正统八年（公元1443年）才建成。寺有"五绝"，即明代壁画、古铜钟、白皮松、藻井曼陀罗和四柏一孔桥。英宗赐额"敕建法海禅寺"。原寺庙规模宏大，明、清曾多次重建。

▲ 位于大雄宝殿前的两棵白皮树，是北京的白皮树之王，也被称为"活着的文物"。

▲ 法海寺为明英宗正统皇帝的亲信大太监李童所主持修建。

【造访理由】

壁画　大雄宝殿内的10铺佛教内容壁画,为明代原物,其精美程度和艺术价值可与欧洲文艺复兴时期的壁画相媲美。

登山　法海寺位于石景山翠微山南麓模式口,从法海寺至八大处是一条相对初级的登山路线,访古、登山、赏景,什么都不耽误。

游览　法海寺的西侧有龙泉寺,南侧山下模式口村有承恩寺,模式口大街上还有田义墓和中国第四纪冰川遗迹陈列馆,可以一并游览。

五百年前的笔墨情韵

模式口大街不及想象中的那么宽阔,看起来更像是一条狭窄的胡同。到达的时候是上午10点,刚好赶上了这边的早市,瓜果、蔬菜、禽蛋、鱼肉、五金、布料……品种齐全的程度让我吃了一惊。到达模式口大街中间的位置,便能看到一丁字形路口,路口北边的宽敞岔路一路往北就是通往法海寺上山的路。

法海寺里的游客很少,和许多香火旺盛的寺庙相比,这里显得清净不少。法海寺的镇寺之宝是大雄宝殿内的明代壁画,壁画的参观票价是100元,而且游客必须在工作人员的陪同下,打着手电筒观看壁画。这是模仿敦煌宋元壁画的保护性做法,通过提高观看真壁画的票价等方式控制游客人数,以免游人呼出的二氧化碳废气和湿气对壁画造成损伤。

面朝古刹春暖花开

除了壁画,让人印象最为深刻的,就是位于大雄宝殿前的两棵高30余米的白皮树,这两棵树距今已有千年历史。拾起掉在树下的一块树皮,靠近鼻子,轻轻吸一口气,一种独有的芳香令人着实陶醉。法海寺由南往北顺山势而建,拾级而上,偶然邂逅倔强盛开的花朵,虽不是繁花似锦,却格外娇艳动人。有人说,北京没有春天,因为它过于短暂。但这星星点点的花朵,不就是春天来过的最好证明吗?从寺庙出来,沿着碎石路向山上走,阳光温暖透澈,花木的味道和泥土的芳香糅合在一起,嗅着清新的空气,听着虫鸟的欢鸣,仿佛进入了纯粹的境

TIPS

门票

20元/人(学生、老人、军人凭有效证件半价),明代壁画真迹单一票价(通票)100元/人

地址

石景山区翠微山南麓模式口48号

乘车路线

地铁1号线在苹果园站下车(D口出),步行至公交苹果园站乘坐746路(或运通116/运通112/396/977),在模式口西里站下车,步行1.7公里至法海寺。

特别提示

进殿参观壁画时间不得超过30分钟,不得拍照、摄像、临摹、触摸壁画。登山的碎石路较陡,穿着平底舒适的登山鞋为宜。

界。如果时间足够充裕,还可以去旁边的龙泉寺喝喝茶、歇歇脚。

大觉寺

寺内遍布清泉、古树、玉兰,清静

幽深,自然朴趣。古寺"八绝"之一的古老玉兰花在4月上旬到花盛期,之后海棠花、榆叶梅、丁香等将陆续盛开,每周都能赏到不同的花儿。而花下品茶更是有一番韵味,曲廊之下、花木丛中,形色各异的竹质藤椅,随意地摆放其中,随便找个地方坐下,要上一壶西湖龙井或黄山毛峰或竹叶青等新茶,再点上自己喜欢的古曲,在此品茗论道,定是雅事一桩。

门　　票:15元/人

自驾线路:京藏高速北安河出口,桥下左转向西一直走,到头左转就到大觉寺,一路有路标。

潭柘寺

寺院始建于西晋年间,距今已有近1700年的历史,是北京地区最早修建也是最大的一座皇家寺庙。两个多小时的游览时间里,所见所闻,无不古意盈怀,禅意入心。寺内毗卢阁东侧种植着"二乔玉兰",已有400多年历史,如此古老的二乔玉兰只有在潭柘寺才能见到,人行其下,即有涤去心尘之美。4月上旬,正是花开时节,紫玉兰花绽满枝头,十分娇艳。除玉兰花外,还能赏探春花、海棠等,探春花也是别处找不到的。

门　　票:55元/人

自驾路线:车从西三环航天桥沿阜石快速路向西,至门头沟区双峪环岛

左转，至石门营环岛直行，沿108国道行驶15分钟即到。

缘

通教寺——幽静尼寺中初聆诵经

【古刹沉浮】

通教寺的创建年代已无史籍可考。相传最早为明代一太监创建，清代改建为尼寺，更名为"通教禅林"。1941年时，由尼僧印和为住持。这时庙已破败，殿宇倾圮，佛像残毁。1942年，开慧胜雨接管后，四处募化，对该寺进行了扩建，将庙更名为"通教寺"。

【造访理由】

读经 通教寺常有对外开放的读经活动，可以体味佛经之美，也是怡情养性的一种途径。

赏春 寺中小树的枝条刚刚萌出绿芽，散发着勃勃生机。

禅修 幽静的古寺，让你远离尘世的喧嚣，在平和中获得自我提升。

偶遇古寺

在南馆公园附近偶遇一座安静的古刹——通教寺，这是一座尼寺，不同于雍和宫这类被各地游者所熟知的大寺院。整个寺院并不是很大，但是非常幽静，是一个可以让人完全静下心的地方。通教寺是北京唯一 一座尼众寺院，也是区级文物保护单位。山门坐西朝东，两只威武的石狮镇守寺门。通教寺内的主要建筑有大雄宝殿、念佛堂、五观堂等。听人说大雄宝殿内有《善财童子五十三参画像》，只有到了农历初一、十五，才能进殿一睹其风采。在大雄宝殿门口挂着"看破放下自在随缘念

▲ 通教寺的宁静，让你不由得心生禅意。

佛""真诚清净平等正觉慈悲"两块木匾，极有禅意。院子正中的香炉旁，有一棵正萌新绿的小树，很有春天的味道。

初聆诵经

能有缘遇到这样的古寺已经觉得非常幸运，更有缘分的是恰逢通教寺马上就要进行一场法事，会在五观堂诵读《地藏王经》。跟随着一位尼僧的脚步，跨入了五观堂，赶紧在所剩不多的座位上坐了下来。没两分钟，法事正式开始。十分钟后开始了诵经。诵经同一般诗文的朗读不同，诗文朗读按文意抑扬顿挫，而诵念经书韵律平稳，与意无涉。"稽首本然净心地。无尽佛藏大慈尊。南方世界涌香云，

香雨花云及花语……"这样的经，听了觉得心里安稳踏实。不知不觉，一个半小时过去了，随着尼僧们的诵读读完了整本189页《地藏菩萨本愿经》。尽管第一次读这本经书，很多经文还不太理解，但懵懂之中依然觉得心境平和了许多。从五观堂出来，发现外面下起了蒙蒙细雨。雨中的通教寺显得更为清幽。

法源寺

法源寺不仅是北京城内现存历史最悠久的古刹，也是中国佛学院、中国佛教图书文物馆所在地。寺内前庭后院都种植丁香，除了中国原产的华北紫丁香和变种白丁香以外，还有传说中郑和下西洋时从南洋马鲁古群岛带回来的洋丁香。

门　票：5元/人

乘车路线：乘109、105、743、57路到牛
　　街南口或到教子胡同再向东

卧佛寺

位于北京植物园内，2013年3月28日~5月5日恰逢第25届北京桃花节暨第10届世界名花展在北京植物园内举办，桃花节期间，共展示各类花卉近一千个品种，一百余万株（盆）。

门　票：植物园成人10元/人，学生5元/

TIPS

门票

免费

地址

东城区东直门北小街路东针线胡同19号

乘车线路

乘18、24、106、107路车到小街站下车，步行3分钟便至东直门北小街路东针线胡同内。

特别提示

通教寺平时游客不能进殿，只能在院内烧香。农历初一、十五时开放上香。

寻

戒台寺——追随后宫探古寻花

【古刹沉浮】

戒台寺始建于唐武德五年（公元622年），是我国北方目前保存辽代文物最多、最完整的寺院。最特别的是其保留了佛塔、经幢、戒坛等辽代佛教中十分罕见的珍品。寺院坐西朝东，建筑样式基本是辽代风格。中轴线上依次排列山门殿、钟鼓二楼、天王殿、大雄宝殿、千佛阁（遗址）、观音殿和戒坛殿，其中戒台是中心建筑。

【造访理由】

探寻甄嬛出宫来到甘露寺，这段剧情就是在戒台寺拍摄的；甘露寺是虚构的，但其中的风景的确是真实的，作为甄嬛迷一定要到实景中感受一番。

赏景戒台寺历来以"戒坛、奇松、古洞"而著称于世；有古树名花、天然溶洞，不容错过。

清修戒台寺因拥有全国最大的佛寺戒坛而久负盛名，被称为"天下第一坛"，是中国佛教史上最高等级的受戒之所，虽历尽沧桑，仍保存完好。

甄嬛走过的青石板

沿着满山青翠、小花点缀的公路来到了戒台寺，山门殿为南轴线上的第一座铜鎏金坐像；全台的小佛龛是在1980年整修戒台寺时，由第四代"泥人张"张铭先生及其弟子制成。

穿越时光的美

满院的丁香花、苍劲的松树，是对戒台寺的第二印象。殊不知，这些花、树真的是"穿越"而来。这里古树成林：活动松、自在松、九龙松、抱塔松、卧龙松，合称戒台五松；它们枝叶婆娑、老干舒缓；在高大的古松面前，你似乎能够看到历史的磨砺，以及如今的雅韵之味。在戒台寺，除了松树之味，还有许多美丽而珍贵的鲜花。从每年4月开始，丁香、玉兰、牡丹、芍药等相继开放。可不要小看这些花朵，就拿戒台寺最有名的古丁香花为例，那可是乾隆帝游戒台寺时，为了给古刹增辉，特命人从圆明园中移植而来，在火烧圆明园之后，它们是唯一得以幸存的丁香花，百年来仍然花香芬芳，在北京地区可算是首屈一指。另外值得一提的则是在牡丹园内种植的牡丹，其中有一部分是新种植的；另一部分则是清代就开始种植的牡丹，它们的枝干很粗，每到花期，都会开出硕大娇艳的花朵，十分少见。

▲ 山门殿为南轴线上的第一座殿堂，从这里开启你的探寻之旅。

殿堂，殿前一对石狮子颇为奇特，它们不是威严的神态，而是憨笑的样子。石狮旁边立有清康熙皇帝撰文的《万寿寺戒坛碑记》，但石碑下的神兽没有首尾，其答案就藏在碑记中。大雄宝殿在天王殿后面，门额上高悬清乾隆帝手书"莲界香林"雕龙横匾，甄嬛第一次与静岸住持相见，就是在大雄宝殿殿前。沿着甬路继续前行，走过明王殿，便是戒坛大殿所在的独立院落戒坛院；院外有辽代的石经幢、月泉新公长老的古幢塔。院中正对着大殿门前的是明万历年间的大香炉，据说在大炼钢铁时期，险些被烧毁，后被文物学者救回，但香炉右臂受损，有修补的痕迹。戒坛大殿是戒台寺的重要标志，也是寺内最为主要的建筑，殿内戒台分为三层，最上面有一座3米高的莲台，供奉着一尊释迦牟尼

白瀑寺

白瀑寺位于北京市门头沟区雁翅镇群山环抱之中，始建于辽代，因背临两处

瀑布而得名。这里古树参天，自然环境秀丽，值得自驾游玩。

自驾路线：沿国道108走到六环后，进入国道109到达南雁路，行驶大概10公里掉头400米即到。

云居寺

云居寺是佛教经籍荟萃之地，寺内珍藏的石经、纸经、木版经号称"三绝"。像这样大规模刊刻，历史这样长久，确是世界文化史上罕见的壮举，被誉为"北京的敦煌"、"世界之最"。

票　价：40元

自驾路线：由京石高速琉璃河出口到达琉璃河，走岳李路，经过房易庄、云居寺路到达云居寺。

修

朝阳寺心之栖息地

【古刹沉浮】

因寺庙坐北朝南，又位于群山怀抱

▲ 朝阳寺内禅意深远。

的向阳地区，故名为"朝阳寺"，又因朝阳寺周边曾有高大的国槐，目前还存有树墩，因此寺庙曾名高德槐。寺庙始建于明万历年间，当时京北地区进京的各地官员进贡基本都要由此路过，所以也是京北进京要道，因此朝阳寺多年来香火一直旺盛。因拜佛敬香的僧侣居士、善男信女过多，显出原建庙小无法接纳，因此在清咸丰六年又将朝阳寺扩建，扩建后的几百年来，寺内香火仍然旺盛至今。

【造访理由】

赏景 寺庙因在红螺慧缘谷生态景区内，通往寺庙的途中，能欣赏到乡野田园景象和湿地自然风光，自然环境宜人。

禅修 京郊寺庙何其多，但是能禅修的地方却为数不多，朝阳寺就是一个设置了禅修课程的寺庙。寺庙或翠竹环绕，或松柏掩映，隐隐显露于群山之中，禅意浓浓，是远离世俗尘嚣、修身养性、修习佛法的一处清静之地。

猎奇 体验通往朝阳寺的81步台阶"通天水梯"的神奇现象。

叩响寺门有奇妙

当身心疲倦的时候，就想去体验一番"因过竹院逢僧话，偷得浮生半日闲"的生活。得知怀柔一座叫朝阳寺的寺庙可以禅修，于是前往探寻。驾车前往怀柔甘涧峪村进入红螺慧缘谷景区，景区内能听到潺潺的流水声，因郊区天气凉，当时各种花儿还不见踪影，不过这里的树木以针、阔混交林为主，油松、板栗树、枣树、翠柏满山遍野，植被极好，触目所及绿色葱茏。没多大会儿便到了朝阳寺。朋友介绍，前往寺庙的阶梯有一个

TIPS

门票

因为寺庙在风景区内，受景区限制，进入需购买门票，25元/张。

禅修费用

可提供共修禅堂和斋饭，斋饭20元/天（需携带身份证挂单），住宿30元/天/农家乐普通床位，需提前电话预订床位。

服装

请自备适合静修的宽松服装（摩擦不带响声），及干净棉袜。

交通路线

东直门坐916快车到怀柔北大街站。乘坐去往甘涧峪的班车（6:09，8:39，10:39，13:53，16:38，17:08有车经过），终点站下车。

自驾

沿京承高速行至13号出口宽沟桥梓收费站下路直行，沿宽沟方向行至圣泉山，圣泉山往东直行1.4公里，西三村路口左转直行2公里直达景区。

郁，真的是禅意深远，自然景观与人文景观交相辉映，相得益彰。寺内，佛前香火不断。院内南侧有一影壁，上面有弘一大师书写的"静修"二字。拾级往上，往殿内一探，正好有僧人在打坐、诵经。朝阳寺是可以禅修的，课程包括打坐、问答、经行和抄经。一位禅修导师对我说，其实所有的快乐及痛苦不取决于环境，而是来自心的本身，在某种程度上，禅修可让人达到内心世界平衡，修心能去除痛苦，并确立真正的、恒久的快乐。参与这样的禅修课程很简单，某个周末即可体验，吃斋饭，与僧人交流，或是盘腿打坐，亲身体验禅修之道。不接电话，不上网，开始时的确非常不适应，但一旦静下心来，就会觉得有特别大的收获。禅修之后，自己会觉得像风一样轻盈。

好听的名字"通天水梯"，共有81步台阶，当前面的人每走一步，后面的人能听到传来的"咚咚"水声，这是通往朝阳寺的阶梯所特有的奇妙现象，至今还没有明确的科学定论。

禅修后如风般轻盈

进入寺庙，环顾四周，感慨这里的环境清幽，整个寺庙三面环山，松柏蓊

红螺寺

古寺始建于东晋咸康四年，距今已有1600多年的悠久历史，红螺寺背依青山前照秀水，四周有数不尽的奇花异草、森森古木相伴，又有悠扬的钟声与素雅的环境相辅，既可修心，又可养性，可谓出世入世各得其所。前往御竹林—寺庙区—观音路—观音寺，这条线路寺庙区是重点游览区，不仅可敬香礼佛，还能欣赏到红螺三

绝景之雌雄银杏、紫藤寄松。在4月下旬至5月，古寺内外，可欣赏到大雄宝殿后院的紫藤、三圣殿前花龄260余年的牡丹、梅园四周的二月兰与嫩绿的麦冬草。

门　　票：54元/人

乘车路线：东直门359车站旁乘867路红螺寺专线车直达景区。

自驾路线：北京——京顺路（101国道）或京承高速（怀柔出口或北台路<宽沟>出口）——怀柔城区——青春路北行——红螺路——红螺寺景区

间，寺内高石台上有五座小型石塔。在这里，游客可以看到别具一格的建筑风格，既有印度佛塔特点，又有中国古建筑传统风格。

门　　票：20元/人

乘车路线：105、107、111路在白石桥东站下，320、332、695、808、814路在国家图书馆站下。

五塔寺

又名"真觉寺"，始建于明永乐年

祈福北京
许愿地图——18座寺庙的心诚则灵

Editor&Text 李画&李为为·PhotoCFP&IC·Designer 赵琴

在我国的传统习俗里，每年农历正月初一、十五等日子，大家都会到寺院礼佛，求的是灭障消灾增加福慧，表达的却是人们对生活的美好期望。

在香气氤氲的寺院，老老少少一家人，带着满心的祝福，带着全新的希望，想想都温馨甜蜜。18家寺院，各有不同的祈福方向，祈求事事顺遂，天天美满。

雍和宫烧香

祈福

【一】"男雍和，女红螺"，是民间广为流传的说法，指男子去雍和宫祈愿最灵，女子去红螺寺祈愿最佳。

【二】在建筑格局上，雍和宫地势由北向南依次升高，最北边绥成楼的殿基高出雍和门近两丈，这种有违中国传统建筑的格局设计，是出于风水压胜的考虑。

【三】很多人来这儿许愿后都实现了愿望，口口相传，雍和宫的灵验可谓名声在外，也让它成为北京香火最旺的寺院之一。每逢初一、十五上香的日子，更是人满为患。

活动

【一】佛吉祥日法会。农历四月十三至四月十五。四月十五是佛陀纪念日，它是个三期同庆的吉祥日子，与佛陀一生中三件重要的大事联系在一起，即诞生、成道、涅槃。

【二】大愿祈祷法会与金刚驱魔神舞。农历正月二十三至二月初一。其中正月二十九、二月初一两天跳金刚驱魔神舞。

【三】喜迎新年大法会。农历正月初一。僧人诵《大威德金刚经》《吉祥天母回供经》《永保护法》等经文，祈愿国泰民安，一年风调雨顺。

【四】舍粥活动。腊月初八，僧人诵《十六罗汉》等经，纪念释迦牟尼得道成佛日，僧人将熬好的腊八粥抬至天王殿院内，不分老幼，每人一碗。

风景

雍和宫三绝

法轮殿中的五百罗汉山、万福阁里的白檀木雕弥勒佛像、照佛楼里的金丝楠木佛龛，均为木雕精品。

凤尾香

万福阁大佛旁高3.9米的亿年海藻化石，上面均匀地布满了凤眼式的椭圆形长孔，被称为"凤尾香"，是稀世珍品。

地址：东城区雍和宫大街12号，64044499

门票：25元

红螺寺祈福

祈福

【一】"男雍和，女红螺"，女子祈福可以选择这儿。另外，红螺寺也是求子灵庙。

【二】红螺寺是中国北方佛教的发祥地之一，千年来一直是佛教圣地。寺院内历届住持多由皇家命派，高僧频出，佛法超凡。金代有著名的佛觉禅师，元代有云山禅师，清代际醒祖师住持红螺寺，创建红螺净土道场。净土宗的最后两代祖师均与红螺寺有缘，世有"南有普陀，北有红螺"之说。

祈福指南

【一】红螺寺尾寺是观音寺，分前后两座，前一座是送子观音庙，可在此求佛降子。

【二】红螺寺的文殊菩萨，可求学业。

故事

据《帝京影物略》记载，元代年间，寺院的碧潭中两只斗大的螺蛳，色殷红，入夜放射光焰，照红山峦。住持僧认为是神仙显灵，便改名"红螺寺"。从此，寺名远扬，名僧云集。几百僧人，研习佛经，造诣高深，佛法超凡。当时全国共选出13位大师，其中就有红螺寺的一位祖配公大师。日本和印度等国的名僧和大师，也远渡重洋前来朝拜和取经。

风景

※红螺寺三绝景：雄银杏、紫藤寄松、御竹林。

※自然风景优美：千年古寺山水环绕，北倚红螺山，南照红螺湖，林壑荫蔽，古树参天。

地址：怀柔区红螺东路2号（东直门长途汽车站乘936路红螺寺专线车；北京——京顺路），60681175

门票：40元

卧佛寺

祈福

【一】"卧佛"与"offer"发音相

近，因此去"卧佛寺"烧香请愿在申请出国留学和大学毕业找工作的人中已经流传了很多年。

【二】"卧佛寺"与"office"的发音相近，很多为求事业的人来此烧香拜佛。

【三】卧佛寺与"留学"的渊源很早就有。去西方取经的玄奘法师算是古代最有名的"留学生"了，而卧佛寺的前身"兜率寺"就是玄奘归国后大兴庙宇时所建。

祈福指南

铜卧佛。建于元朝的此尊卧佛位于卧佛殿，相传是释迦牟尼在印度涅槃时的姿势。可求学业、事业。

活动

【一】每逢初一、十五，可开放游客上香。

【二】春节前后，会举行赏腊梅文化活动。

故事：

清乾隆元年郑板桥来京应试，骑马游西山古寺名刹时，曾拜访过卧佛寺的住持青崖和尚，之后郑板桥在仕途上便一帆风顺。到现在寺里还有他的题词："西山肯结万山绿，吹破浓云作冷烟。匹马径寻

黄叶寺，雨晴稻熟早秋天。"诗中的黄叶寺即卧佛寺。

风景

※佛寺中有一棵古老的娑罗圣树。文献称此树是从印度移植而来，为佛国三宝树之一。

※寺中题词。卧佛寺中有乾隆题词"得大自在"的横匾，意思是佛的死去正是得到了最大的自由。此外，殿门上方亦有慈禧太后的横匾题词"性月恒明"。

※卧佛寺在植物园内，拜佛之后能在植物园里游玩。再往西北行约500米左右，可游玩樱桃沟，它是一条外广内狭的幽静峡谷。

地址：海淀区香山寿安山南麓北京植物园内，62591086

门票：5元

孔庙

祈福

【一】皇家祭孔地。北京的"孔庙"是元、明、清三代皇家祭祀圣人孔子的地方，在这里求学业和仕途升迁自然是灵验。

【二】庙宇受历代文人学子庇护。

孔庙先师门内两侧有元、明、清进士题名碑198块，题刻着历代进士5万多位，代表着历史上功课出色、才华出众的学子。

【三】孔庙国子监外有一条石桥，上面绑满了红色的祈愿牌，都是希望学业精进，或者职位升迁的虔诚者所系。

祈福指南

【一】孔子"大成至圣文宣王"牌位。牌位位于大成殿，是整座孔庙的中心，在这里祭拜，可祈求考学顺利。

【二】"四配十二哲"牌位。位于孔子牌位两边，四配即颜回、孔伋、曾参、孟轲，是孔子门下最得意的学生。

活动

每年公历9月28日孔子诞辰前后，孔庙会举行祭孔仪式，届时祭祀人员会念颂典章。

风景

※大成门内有石鼓10座，是公元前800多年周宣王时的遗物。鼓上都刻有四言诗一首，记述周宣王游猎的故事。

※孔庙大成殿内有一口古井，是清高宗赐名的"砚水湖"。

※殿前古柏，有600余年的树龄。

※孔庙所在的国子监街，街上有4座原汁原味的清代一间式彩绘木牌楼，古风淳朴。街道两旁槐树成行，浓荫蔽日，槐花飘香，幽雅安静。

※国子监街与五道营胡同相邻，五道营胡同里有很多创意小店和别致咖啡馆。

地址：东城区国子监街13号，84011977

门票：20元

潭柘寺

祈福

【一】因为烧香灵验而备受皇家恩宠。康熙至光绪200多年间的皇帝，都曾来寺中敬香礼佛，官宦大员们也将"潭柘寺"作为进香的首选之地，以保官运亨通。

【二】寺院依山而建，坐北朝南，背倚宝珠峰，又被回龙、虎踞、捧日、紫翠等九座山峰环护，为风水宝地。

【三】每逢春节前后，来这里烧香拜佛的人就会挤满潭柘寺。

祈福指南

【一】木雕漆金的弥勒坐像。位于第一重殿天王殿内，可求工作顺利升迁。

【二】"佛头"与"汉白玉观世音坐像"。佛头为元朝早期的石刻，与观世音坐像都位于寺内西观音洞。每日这里香客不断，朝拜可求健康与官运。

【三】佛祖释迦牟尼。位于大雄宝殿，宝殿上方有乾隆手书的额匾"福海珠轮"四个大字。

【四】拜"石鱼"求平安。位于龙王殿前。据说石鱼是龙宫一宝，鱼身上划分出13个部位代表元朝全国13个地区，哪个地方干旱，用木鱼敲击鱼身相应部位，便可求雨。

活动

【一】正月初一是弥勒佛的圣诞日，寺内会举行佛事祈福法会，庆祝弥勒佛圣诞吉祥。

【二】春节前后，寺内将举行"迎新春接福缘"的祈福纳祥活动，形式有打金钱眼，敲钟祈福等。

【三】每逢初一、十五，潭柘寺会有祈福活动。

【四】每年四月上旬玉兰花开之时，景区都会举办大型玉兰节赏花游活动。

风景

※寺外有金、元、明、清各代塔数十座，是历代有名的方丈和禅师的墓地。

※"拜砖"。元世祖忽必烈女儿妙严公主曾在潭柘寺出家，住在观音殿内。由于常跪在观音圣像前的方砖上，积年累月，竟让地砖磨出了两个膝头深印。

※寺中有两株500年树龄的紫兰花，每到4月花期便芬香飘逸，是京城稀有的树种。

地址：门头沟区东南部潭柘山麓，60861699

门票：55元

天宁寺

祈福

【一】旧时外省到京做官或做生意的人，都要先到"天宁寺"拜佛以求平安或官运亨通。

【二】"舍利宝塔"永立不倒。相传寺中的千年宝塔下安放着释迦牟尼真身舍利，而此塔的确在千年风霜中，在周围寺院几毁几建时，一直神秘地完整屹立。

【三】旧时每逢春节，皇帝便率领百官到天宁寺燃灯供佛，祈求一年风调雨顺、国泰民安。而逢每月初八会点燃360盏灯，百姓聚众观灯，祈祷吉祥。

祈福指南

阿弥陀佛像。位于接引殿内的一座接引佛，由金丝楠木雕刻而成，寓意接引众信徒进入佛门广接佛缘。拜佛可增福慧，保平安。

活动

"阿弥陀佛圣诞法会"。每逢农历十一月十七日，寺内僧人会诵阿弥陀经，庆祝阿弥陀佛圣诞吉祥。

故事

【一】明清时期，天宁寺塔的一种神秘现象"梵宫塔影"，即佛光，被列入当时京城《宛平八景》之一。说的是每天中午，天宁寺大士殿中门即使关闭，阳光也能从门缝照进去，而此时，天宁寺塔的全部塔影恰好映在其中。

【二】传说佛教创始人释迦牟尼涅槃后，其弟子为在中原传播佛教，将一包释迦牟尼真身舍利献给隋文帝，隋文帝颁旨在中原三十州各建一塔秘藏，天宁寺为其中之一。

风景

※"舍利宝塔"。为八角13层密檐式实心砖塔，通高57.8米。塔一般为"七级浮屠"，而13层为最高级别，为皇家特许。宝塔东西有两座配殿，分别是

弥陀殿与药师殿。

※天宁寺周边，聚集着五大宗教的众多著名活动场所。包括道教的白云观、基督教珠市口堂、天主教宣武门南堂和伊斯兰教牛街礼拜寺。这种"宗教文化区"现象在世界大城市中也是罕见的。

地址：西城区天宁寺前街2号，63432507

门票：免费

万寿寺

祈福

【一】明清两代皇家祈福祝寿地。清乾隆年间，高宗将"万寿寺"定为皇太后祝寿的庆典场所，乾隆曾三次在这里为其母祝寿。

【二】寺里不点香火，不需还愿。祈福的人只要在红色的祈愿牌上写下名字，愿望就能留在寺中得到永久庇佑。因此连寺内古树外面保护栏上都挂满了密密麻麻的红色护身符。

【三】寺院位置在龙颈处。颐和园昆明湖沿长河流到永定河是一个龙的形状，颐和园位于龙眼，寺院在龙颈。

【四】山门内屋顶上绘有白云和100只红蝙蝠，保佑洪福齐天。

祈福指南

【一】乾隆题词的"鼍嘻碑"。经过9次开光，非常灵验，据说左手摸会带来好运。而民间有谚语："摸摸鼍嘻头，万事都不愁，摸摸鼍嘻牙，金银滚滚来。"

【二】寺庙进门左右手各一棵苍天古树，一为福，一为寿。此外寺内还种有两棵银杏树，称为夫妻树，保佑姻缘。

【三】"三世佛"、"十八罗汉"、"倒座观音"泥塑像，均位于大雄宝殿，可以为家人和自己求平安。

【四】"呲卢遮那佛"。为释迦牟尼法身，护于释迦牟尼前面。座下有千佛台，四面八方所有的佛都在这里，只要一个头磕下去，成百上千个佛都会听到祈愿，同时庇佑。

故事

因为灵验，慈禧走水路往来颐和园时，每次路过万寿寺一定会拈香礼佛，在西跨院行宫吃茶点，故寺庙有小宁寿宫之称。

风景

北京艺术博物馆就坐落于寺内，有很多珍贵的藏品。

地址：海淀区西三环路紫竹桥东北，

68456997

门票：20元

大觉寺

祈福

【一】大觉寺的"平安符"一直都很灵验，寺庙门口挂满了人们祈福的红色平安符。

【二】灵泉绕寺。环绕全寺有两道灵泉水，在龙王堂前积成龙潭，佑护着寺庙的生机与灵性。

【三】"迦陵舍利塔"守护寺庙。位于寺庙最高处藏经楼院内，供奉的是清代雍正年间寺内住持迦陵禅师的墓塔。

【四】位置地形奇巧神秘。大觉寺倚建的山峦恰似一头卧狮，而莲花、善照两个配寺耸立在东西两个圆形山包上，有人用"狮子滚绣球，一佛二菩萨"来形容。

祈福指南

"无量寿佛坐像"。位于无量寿佛殿正中，左右是观音菩萨和大势至菩萨立像。无量寿佛、观音菩萨和大势至菩萨被称为"西方三圣"，拜三圣是香客来大觉寺最主要的目的。

活动

【一】每年四月，大觉寺都举办"玉兰节"，呈现出"满园花似海，对面不见君"的美景。

【二】明慧茶院不定期举行"炒茶活动"，由国内名山古刹的炒茶高僧负责炒茶，观花品茗，相映成趣。

故事

相传，乾隆皇帝为了保住江山社稷，曾在大觉寺拜住持僧善化为师，剃度受戒了49天。剃度地点就在现在大觉寺

的南院，之后出现了历史上闻名的"康乾盛世"。

风景

※《阳台山清水院创造藏经纪》石碑，为建寺初年所立，记载了建寺刻经的过程。

※寺内有株高十多米的白玉兰树，相传为清雍正年间，迦陵禅师亲手从四川移种，树龄超过300岁。玉兰树冠庞大，花大如拳，香气袭人。

※千年白果王。在无量佛寿殿外有棵千年银杏，树高100米，树干直径近3米，需要6人才能合抱，浓荫遮蔽了半个院落，据传已傲立了千年之久。

地址：海淀区苏家坨镇北安河乡，62456163

门票：淡季10元，旺季20元

八大处

祈福

【一】灵光寺供奉着佛祖释迦牟尼圆寂火化后留下的两颗佛牙舍利中的一颗，是佛宝圣物，庇护着八大处。

【二】国际佛教协会大师来北京时，都会来八大处灵光寺朝拜，据说在这里请玉观音护身符，既能保佑平安，又能开运吉祥。

祈福指南：

【一】灵光寺大雄宝殿内所供释迦牟尼铜像，是游客进香祭拜的主要佛像。

【二】佛牙舍利塔。

【三】大悲寺圆通宝殿内供的彩塑观音菩萨坐像，来此供香的游客非常多。

活动

【一】每逢初一、十五或佛教重要纪念日，八大处都有佛事活动。香客可去诵经、烧香、拜佛、许愿、求平安等。

【二】四月初八"浴佛节"前后，寺内会举行诵经法会的仪式，用花草做花亭，亭中放置诞生佛像，再以香汤、水、甘茶、五色水等物从佛像头顶灌浴。同时还会举行拜佛祭祖、供养僧侣等活动。

故事

【一】龙泉庵殿前有两块石碑，传说康熙帝来此进香，曾腿软跪倒在地，觉得地下有物，命人挖掘得到石碑，便题了"敬佛"两字。

【二】相传隋唐时，有位卢师和尚从江南来到这里，不久便收了两个弟子。当时天旱禾苗枯萎，两个弟子自荐能呼风唤雨，并一起跳进附近的泉水池里，化成两条青龙。不久下起了大雨，救活了庄稼。

风景

※八大处拥有八大古刹，分别是：长安寺、灵光寺、三山庵、大悲寺、龙泉庵、香界寺、宝珠洞、证果寺。

※三山庵正殿山门前，有一块长方形汉白玉石，刻有天然山水、人物、鸟兽花纹，俗称"水云石"，为八大处一宝。

※大悲寺正殿大雄宝殿供奉三世佛，两侧十八罗汉是用檀香木掺细砂做胎制作而成，为八大处雕塑中的精品。

地址：西山八大处，88964661-2186

门票：10元

妙应寺

祈福

【一】正如其名"妙应"，妙应寺白塔会以出乎意料的方式实现愿望。

【二】"妙应寺"为元朝的皇家寺院，供奉佛舍利以及香塔、佛经等佛教圣物。元成宗时，寺内香火极为旺盛，在元贞元年由皇帝主持的"国祭日"佛事活动中，参加者竟达7万之众。

祈福指南

藏传佛教里有转塔祈福的习俗，《无量寿经》云："转塔三匝，集功德，消灾病。"转塔者，可积功德，消灾病，顺佛法，祥瑞平安，功德无量。

活动：

【一】转塔活动。农历六月初四，释迦牟尼初转法轮日。

【二】转塔活动。农历十月二十五，白塔落成纪念日。

【三】"八月八，走白塔。"清代民谣《正月正》中记载，"八月八，穿'自由鞋'，走白塔"，描写在秋高气爽的八月，妇女脱下在家穿的厚底盆鞋，穿上平底鞋走白塔的民俗。

故事：

相传白塔刚建成时，天上曾现奇光，连皇帝也前来观看，曾有诗赞其壮丽："谁见浮屠礼大干，灵光摇身白云莲。"

风景

※妙应寺白塔（舍利通灵宝塔）是中国尚存的年代最久、形状最大的藏式佛塔。

※一般佛塔的塔刹为仰月或宝珠形，而妙应寺白塔的塔刹是一座小型的鎏金铜制喇嘛塔，与白色塔体形成鲜明对比。

地址：西城区阜内大街171号，66160211

门票：20元

广化寺
施粥消灾祛难

祈福

【一】广化寺建寺以来，一直坚持"腊八节"施粥的传统。佛教中，农历腊月初八是释迦牟尼得道的日子，百姓们虔信这一天喝到广化寺的腊八粥能消灾祛难，身心健康。最近几年，每年都有两三千人到广化寺喝腊八粥。

【二】广化寺香火很旺，很多人都希望在这里受到菩萨的保佑加持。

祈福指南

文殊、观音、普贤和地藏四大菩萨。

活动

【一】施粥活动。每年农历腊月初八，广化寺都要熬粥免费发放给到寺的市民。

【二】每逢农历初一和十五，广化寺都有法事活动。

【三】每逢周六，北京佛教音乐团演奏活动。

据《日下旧闻考》援引《柳津日记》载："广化寺在日中坊鸡头池上。元时有僧居之，日诵佛号，每诵一声，以米一粒记数，凡二十年，积至四十八石，因以建寺。"据明《敕赐广化寺记》碑载："元天顺元年，灵济号大舟到庆宁寺住，至顺四年在此寺住，发愿禁足二十年不出门，一心念佛……十年后成此大刹。"

风景

※北京市佛教协会所在地，是佛教活动的重要场所。

※收藏国家级文物1716件，其中图书1087部、字画282件、碑拓298件。包括明永乐年间翰林院刻印的《大方广佛华严经》、清雍正皇帝抄写的《金刚经》。

※西院的主体建筑有大悲坛、祖堂、法堂、方丈院、退居案，三个院落之间回廊环绕，僧房毗连，形成一座大四合院中有众多小四合院，即"院中有院"的建筑特色。整座寺庙古柏苍翠，花草溢香，曲径通幽。

地址：西城区鼓楼西大街鸦儿胡同31号，64035035

门票：免费

戒台寺

祈福

光绪二十六年，八国联军攻入北京时，戒台寺成为多达千人的避难所，很多人都相信，戒台寺的佛爷灵验，可保佑他们躲过劫难。

活动：

【一】弥勒菩萨圣诞：农历正月初一。

【二】释迦牟尼佛出家：农历二月初八。

【三】释迦牟尼佛涅槃：农历二月十五日。

【四】观音菩萨圣诞：农历二月十八日。

【五】浴佛节法会：农历四月初八。

【六】观音菩萨成道：农历六月十九日。

【七】药师佛圣诞：农历九月三十日。

【八】阿弥陀佛成道：农历十一月十七日。

【九】释迦牟尼佛成道：农历十二月初八。

故事

药师经与长寿僧：清代时期戒台寺曾出了一位活了128岁的"老寿星"，他就是明池上人。明池自16岁在戒台寺出家后，每日诵《药师经》，昼夜不息。光绪年间的戒台寺住持妙性和尚曾问过他，为何日夜诵《药师经》长年不断？明池上人说，常诵《药师经》可以享寿128岁。光绪十六年冬天的一个半夜时分，明池上人居住的茅舍无故着起大火，妙性方丈连忙喊人救火，火灭之后，房中的明池上人已在火中化身而去了。事后妙性方丈查看了明池上人的度牒，屈指一算，原来明池上人果然活了128岁。

风景

【一】肇建于辽代的戒坛，与杭州昭庆寺、泉州开元寺戒坛并称"中国三大戒坛"。戒台寺居首。

【二】戒台寺内可授佛门最高戒律——菩萨戒。

【三】北京有句俗话，"潭柘以泉胜，戒台以松名"，戒台寺的奇松远近驰名。最负盛名的有卧龙松、自在松、活动松、抱塔松、九龙松。

地址：门头沟区马鞍山（沿阜石路到门头沟双峪环岛往北，沿108国道按戒台寺路标指示前行；苹果园地铁站换乘931路、948路）. 69805942

门票：45元

白云观

祈福

【一】老北京有这样的传说："神仙本无踪，只留石猴在观中。"石猴便成了神仙的化身。每年农历"破五"，都会有许多人到白云观排队等待着摸石猴、打金钱眼，每日人数甚至过万。

【二】白云观是道教全真三大祖庭之一，丘处机的遗骨便埋葬在殿香案下石座内。因此在这里求签许愿是在全国是出名的灵验。

【三】难得的一座"真庙"，即由道士自己管理的道观，因此生机有灵性，香火不断。

祈福指南

【一】玉皇殿奉祀的玉皇大帝。神龛前幡条绣有颜色各异的篆体"寿"字，一共是100个，故称"百寿幡"。可求祛病消灾，延年益寿。

【二】全真七子。位于老律堂，作为全真派祖师王重阳的七大弟子，主求福寿延年。

活动

正月初一到十九日，观内会举办春节庙会。因为传说每年正月十九，丘处机会降临人间超度有缘人，届时活动主要有"会神仙""顺星""打金钱眼""摸石猴"等。其中，"摸石猴"是白云观最有名的活动。

故事

传说丘处机真人从大漠回来以后，奉敕建立北方道教第一丛林——白云观。过了没多久有一位王姓和尚为压倒白云观，在观的西面建了一座佛刹，起名曰"西风寺"，内中暗藏玄机——卷起西风，让"白云"无影无踪。白云观的道长看在眼里，心里全都了然，这时白云观正在修建的一座石桥要竣工了，老道长便把这桥叫"窝风桥"，西风再厉害，也过不了这桥。后来白云观香火越来越旺，老和尚派人偷偷进观考察，这才得知是一座"窝风桥"在发挥作用。

风景

※观内有一座汉白玉石雕的老子坐像，据说是唐代的遗物。

※观中照壁又称影壁，壁上嵌有"万古长春"四个大字，为元代大书法家赵孟頫所书，字体遒劲有力。

※山门石砌的三券拱门。三个门洞象征着"三界"，跨进山门就意味着跳出"三界"。山门石壁上雕刻着流云、仙鹤等图案，刀法浑厚，造型精美。

地址：西城区复兴门外白云路东侧，63443666

门票：10元

通教寺

祈福

【一】通教寺是尼众丛林，都是尼师，寺规严整，道风纯正。这里为女性信众做临终关怀、往生助念效果很好。

【二】通教寺是北方有名的净土道场，寺内宗教活动，以修持戒律为本，以净土为宗，念佛为归。

活动

每年从农历四月十五起至七月十五止，全寺尼众"结夏安居"，专修"戒、定、慧"三学。在这三个月内，除为僧众办事和父母师长病丧等事外，不出山门。

故事

1942年，两位"比丘尼"开慧和胜雨住北京广慈寺，在净莲寺法界学苑学戒听经，决定重建通教寺。她们不畏辛劳，募集资金改造大殿，兴建了南北楼、念佛堂、五观堂、大寮等建筑。建成后通教寺改作"十方丛林"，它的寺规严整，道风纯正。为了培养僧才，还创办了"八敬学苑"，使这座名不见经传的小庵成为海内外四众弟子推崇的尼众丛林。

风景

※通教寺是北京唯一的尼众寺院，一直是北京尼众活动场所。

※通教寺大雄宝殿前立的《中兴通教寺碑记》，是当年胜雨与开慧为使后学者不负重兴通教寺之苦心，特意立下的。

地址：朝阳区东直门内北小街针线胡同19号，64055918

门票：未定

环；登石经山取"午时水"（石经山圣水井，井内形状如观音菩萨的"净瓶"。据说是静琬等刻经人为完成刻经事业而凿就的水井，千年不枯）。

云居寺

祈福

【一】云居寺第六层殿大悲殿，供的是一尊千手千眼观音菩萨，而观音像左右，是许许多多童子，他们是香客许下求子之愿，愿望实现后还回去的假娃娃。因为娃娃太多，殿外还设置了专门的"娃娃库房"。"童子伴观音"也成了云居寺独特的一道景观。

【二】农历四月初八是浴佛节，云居寺的浴佛法事古来有之，值得称奇的是每逢浴佛节，云居寺都会下雨，从未间断。更离奇的是，有时周边晴好，只有云居寺有雨。

活动

【一】浴佛法事：农历四月初八，持续时间5～7天。浴佛节又称"佛诞节"，是佛教的重要节日，由来是相传佛祖诞生时，有九龙吐水为其沐浴。浴佛的意义在于洗涤罪恶，灌入智慧。

【二】端午节活动：农历五月初五。挂吉祥链、系同心锁；求取艾枝花

故事

摘自《云居寺的100个机缘巧合》：2004年4月18日，云居寺的退休职工赵福爱师傅带着一个叫赵斌的男孩来到云居寺，在不久前男孩突然得了一种奇怪的病：浑身瘫软、麻木，而且常念叨"怕佛"二字。孩子的父亲背着孩子到了寺院，当他们进入南门后，孩子突然说："放我下来，想自己走。"他在父亲的搀扶下一步步迈开了步子。后来，在值班人员的陪同下，孩子和家人在寺里走了一圈，并在殿外对佛像进行了礼拜。过了几天，赵斌在云居寺皈依了，法号释演安。

风景

※云居寺三部绝世珍品：世界上保存最古老最完整的14278块石刻大藏经——房山石经；我国仅有的2.2万多卷明版纸经；我国唯一一部7.7万多块汉文木刻大藏经——木版经。

※云居寺四宝：五尊铜佛，唐、辽古塔，佛舍利，云居古钟。

地址：房山区大石窝镇水头村南（北京南站乘火车京源线7095次直达云居寺站，沿

京石高速从琉璃河出口沿途有云居寺路标），61389612

门票：40元

妙峰山

祈福

【一】"灵感宫"俗称"娘娘庙"，久负盛名。供奉着以"天仙圣母碧霞元君"为首的5位娘娘，其他4位即子孙娘娘、送子娘娘、斑疹娘娘、眼光娘娘。地藏菩萨、药王、广生（文生）、财神分别在她们的左右和座下供职。求子非常灵验。

【二】明代崇祯年间起，每年的农历四月初一至十五，数十万善男信女汇聚妙峰山，朝顶进香。清《燕京岁时记》载："妙峰山每属四月，自初一开庙半月，香火极盛，人烟辐辏，车马喧闹，夜间灯火之繁灿如列宿，香火实可甲于天下矣。"1925年，北京大学国学研究所对此进行了专门调查，出版了《妙峰山进香专号》。

祈福指南

【一】灵感宫、观音殿、月老殿，求子、求姻缘、求健康。

【二】药王殿、王三奶奶殿，求健康、祛疾病。

故事

据说"王三奶奶"是民间信仰中富有传奇色彩的人物，她本性慈善，能为人"了灾治病"、"引以康乐"，大家称她为"活神仙"。她78岁那年，骑毛驴到妙峰山进香，不小心跌入山涧，朝山的善男信女说她是"成仙飞升"，对其加以供奉。民间曾有这样的说法："摸摸王三奶奶的手，百病全没有""摸摸王三奶奶的脚，百病全都消"。还传说王三奶奶可以骑毛驴由童子引路去为人治病。过去去妙峰山还有一个任务就是"灿茶叶"——将买来的茶叶放到王三奶奶像前供上一会儿再拿回家，人们认为能治百病。

风景

※自然风光。属太行山脉，主峰海拔1291米。有"四面有山皆如画，一年无日不看花"的景致。

地址：门头沟区妙峰山风景区（阜石路西行至石门路到三家店左转，至龙泉宾馆沿109国道至担礼村口右转直达），61882936

门票：30元

碧云寺

祈福

【一】来"碧云寺"的人都会到五百罗汉堂数罗汉。数罗汉，是指随便选一尊罗汉数起，数到当年本身的年龄那一号止，这最后一尊罗汉的身份、表情和动作，便可昭示数者的命运。

【二】碧云寺风水极佳，在历史上曾被多位重臣相中。

祈福指南

【一】数罗汉的五百罗汉堂在碧云寺中轴线南侧。

【二】碧云寺的观音菩萨很灵验，在第一道钟声响起时祈福上香最好。

故事

相传碧云寺原为金章宗玩景楼旧址，明代武宗正德十一年，以佞幸得宠的御马监太监于经相中这块风水宝地，扩建了碧云寺，并立冢域于寺后，后来于经下狱庾死，葬身碧云寺的打算落空。明嘉宗天启三年，魏忠贤也看中这块宝地，再度扩建碧云寺，又在于经墓圹基础上加工扩建，作为自己死后墓地，但五年后魏忠贤也获罪，墓穴遂废。到清代，碧云寺吸引了清帝王，乾隆十二年对碧云寺进行了大规模的修建。

风景

※正殿释迦牟尼殿（大雄宝殿）悬在殿顶周围的大型悬山云海壁塑，在寺庙中很罕见。

※五百罗汉堂。堂内有508尊雕像，

每尊高约1.5米，栩栩如生，是珍贵的清代艺术珍品。

　　※水泉院。院内天然流泉，潺潺有声，原是皇家的"听水佳处"。院内还有"韩碧斋"、"三仙洞"、"三代树"等古迹。

地址：海淀区香山公园北门，62591155

门票：10元

广济寺

祈福

　　【一】"广济寺"是中国佛教协会以及中国佛学研究所所在地，许多高僧在这里驻锡，平常日子比较清幽，多是固定香客居士进出，是参禅开悟的好地方。

【二】广济寺是全国佛教活动的中心，许多重要的佛事活动都在这里举行。

祈福指南

寺内大树下、大殿旁……都有僧人、香客聚集在一起参禅，可以加入他们。

活动

周周都有活动，月月都有大活动。

故事

清初余宾硕作《喜云慧大师传》中称："宋末有两刘家村，在西者为西刘家村。村人刘望云，自谓天台刘真人裔孙，得炼气法。一日，有僧号且住者过之，望云出迎，求其说法。因为之建寺，曰西刘村寺。"这是史书上关于广济寺缘起的记载。

风景

※在广济寺主要大殿的屋脊中间都有佛教供物方面的装饰，图案不一，形状不同，为其他寺院所少见。

※主殿殿内的长明烛台是明代遗物，由整根檀香木雕成，上面通体盘刻"善财童子五十三参"的故事，为国内仅见。

※主殿殿内三世佛的背后，有巨幅指画《胜果妙因图》，由傅雯所绘，堪称艺术珍品。

地址：西城区阜成门内大街25号，66173330

门票：免费

身体呼吸

心灵休憩——山中双寺的清凉禅修

编辑/李黎 张毅 金春 图片/华盖 全景

　　去古寺修禅，这已经是时下最新兴的旅游方式之一。找几天空闲，到寺庙里得几日清凉，听禅院钟声，品清风朗月，以石为床，以白云作被，拥满山的风景入怀，抛却宠辱、名利和欲望，这是一场把修心养性和休闲度假结合在一起的完美旅行。

▲ 在寺庙的楼台上登高望远，收获的是一种豁达心情。

普济寺
背山望海的心净之所

古寺清修、清静是最紧要的前提，所以，那些古寺通常都隐匿在山林之中。"普济寺"，坐落在普陀山中，有着"天下第一清净地"的美誉；再加上它位于岛上，有着得天独厚的地理位置——在这里清凉禅修，就自然是最合适的选择。

普济寺素描

普陀山只是舟山群岛1390个岛屿中的一个岛，形似苍龙卧海，这里是全国著名的观音道场，所以有"海天佛国""南海圣境"的称号。

普陀山四面环海，风光旖旎，幽幻独特，被誉为"第一人间清净地"。山石林木、寺塔崖刻、梵音涛声，皆充满佛国神秘色彩。岛上树木丰茂，素有"海岛植物园"之称。

普陀山有三大寺庙，普济寺、法雨寺和慧济寺，其中普济寺是规模最大的一个。普陀山上高达33米的南海观音是真正触动心灵的所在，"千处祈求千处应，苦海常作渡人舟"，千百年来的观音信仰在人们心底回旋，她救苦救难的形象已经深深烙印在了百姓们的心中。

清修计划

做早课 看日出

早上的普陀山异常安静，从客房出来，只听见远方有梵音清响，徐徐而升。到了大殿，看着全心诵经的僧众们，人们都会感到一种通透的轻松与畅快，可以不去考虑上班路上的鸣笛声，可以不去管那烦心的琐事。念经的声音糅着钟器的敲打，将心愈敲愈静，愈打愈净。

诵经结束，人们都会一同走向室外，去迎接第一缕朝阳。因为寺庙距离海边并不远，清晨的海滩上人很少，只有为数不多的结束早课的人们来到这里。普陀山的日出十分平和——太阳缓缓地浮出海面，闪耀着远处的浪涛——这似乎是只有在佛国才能感受到的一种宁静。

向千年古樟祈福

来到普陀山，向千年古樟祈福是一件很有意义的事情。它有20多米，七八层楼那么高，似乎要把大慈大悲的拔苦济善的精神都拢入自己博大的情怀里。它的枝干近乎完美地向四方和天空伸展，矫然横空，上面爬满了叫不上名字的绿色植物。漫天都是老绿、嫩绿间杂的色泽不一的树叶，1000多平方米的树冠把天空都屏蔽了。它的枝头上挂满了祈福结，通红的结带在鲜绿的树色中格外鲜艳。

悠远琴声 古色茶香

除去参加定时的修行课目，感受僧侣们的寺院清修生活，在寺院中还有许多独特活动可以参加。

首先可以听到古琴表演。在一个巨大的佛画屏风旁边，一个穿着古典的青衣女子，在焚香的清新气氛下，用古琴弹奏着梵音乐曲，那种韵味与节奏，总让人在不经意间沉静下来，悠然自得。

还有普陀山独有的佛茶表演。也是一位青衣女子在古色古香的桌椅前，燃上一碟梵香，伴着悠扬的钟声，表演的每一个动作都细致入微，似乎蕴含着观音菩萨慈悲的胸怀。普陀山佛茶大有历史，始于1000年前的唐代。在古朴典雅的室内，

TIPS

交通路线

普陀山只有一个码头，每天有班船开往舟山本岛（沈家门镇）、宁波、上海等地。通常，人们都是先到达舟山，再到沈家门半升洞码头坐船前往普陀山，十分方便，10分钟即到。到了岛上，交通主要由普陀山客车公司经营，每个景点门口都有候车站点，各地景点交通方便，车票价格明码规定。车况不错，全带空调

住宿

普陀山的三大寺庙，普济寺、法雨寺和慧济寺，都接待游客住宿，其中普济寺房间规格最多。标准间价格为单人间100元，双人间150元，没有空调和淋浴设备的普通房间为20元/人。

斋食

普陀山的素斋种类繁多，三大寺的斋堂都有方便香客赶斋的时间。一般早餐为5:30-6:00，午餐为10:00-11:00，晚餐为16:30-17:00。

周边景点

如果你住在普陀山，又要去附近的朱家尖游玩一天，在买了去朱家尖的船票后，可以到码头的出口处去签个证，这样在当天回普陀山时就不用再买进山门票了。

品一杯香茗，听一曲古筝，当古琴声伴随着茶香，灯光衬托着佛器古瓷，人们就这样徜徉在历史与现实之间。

报国寺
峨眉脚下度凉夏

峨眉山，中国四大佛教名山之一，近2000年的佛教发展历程为峨眉遗留了30余座寺庙，而位于峨眉山进山门户位置的"报国寺"为山中第一大寺。此时拜访名山古寺，山外夏日炎炎，而山内平均气温是26℃，这无疑是独享清净时光的绝佳机会。

报国寺素描

"报国寺"历来被称为"峨眉第一景"，不仅因为它是游人登临峨眉山的必经之地，更缘于寺院本身的悠远历史和清净景致。

还未进入寺院，周围的绿意盎然就让你不得不停步观赏。寺后是雄伟的光明山，寺前有秀巧的"凤凰堡"，寺旁还有一处"凤凰湖"，山清水秀，风景格外怡人。报国寺山门前有一对明代雕刻的石狮，就像左右门卫，守护着这座名山宝刹。山门上"报国寺"大匾，据说是清康熙皇帝御题。进入寺院，院内是典型的庭院建筑，占地60余亩，一院一景，层层深入，共有5座殿宇，依山而建，逐级升高，站在院门处观望很是壮观。

报国寺内存有大量珍贵文物。在七佛殿内，两侧墙壁上有木刻条屏，上面是宋代著名书法家黄庭坚的真迹。七佛殿后，有一尊两米多高明永乐年间的瓷佛，佛身上所穿的千佛莲衣暗含了"一花一世界，一叶一如来"的佛经教义。

清修计划

参拜峨眉八大寺院

除报国寺外，峨眉山上还有7座大型寺庙，分别是"伏虎寺"、"清音阁"、"万年寺"、"洪椿坪"、"洗象池"、"仙峰寺"、"华藏寺"，这些寺院有的建于密林深处，有的在崖壁旁边，都依山势而建，风格各异，虔心参拜者可一一走访。

尽赏峨眉无限风光

既然是来到峨眉山的清修之旅，这里的自然美景就是修行的最好场地，当然要尽情探访。

首先是峨眉山著名的"圣积晚钟"——寺门前的风景绝对不要错过。它位于报国寺对面凤凰堡上的八角钟楼内，是峨眉传统十景之一，庄重典雅的钟亭四周是参天蔽日的翠柏，非常适合静坐，沉淀心思。

然后就是要登金顶，观日出了。峨眉金顶是峨眉游山的终点，"日出、云海、佛光、圣灯"是金顶上的四景。想登

上金顶，多数游人会在山下乘坐管理局提供的交通车到雷洞坪，约需1个半小时，然后步行20分钟到接引殿，之后再换乘索道，10分钟就可上金顶了。如果想看日出，5点前就要出发。

顶级素斋 肠胃也修行

　　到了寺院，吃素斋是清修的最关键环节，它能帮助你改善饮食、调养肠胃。在饮食方面，报国寺在峨眉山的众多寺庙中算得上是"星级"的。那些以豆制品、蔬果等为原料的素斋被精心烹制出来，无论是色相还是味道都是一流水平。而价格，只是从几元到十几元，相当便宜。当然要特别注意的是，在寺院里吃饭绝对不要浪费食物。因为这是一场清修旅行，所以建议你能够坚持吃素斋。

TIPS

交通路线

　　从成都新南门有车前往峨眉市区，很方便，两个多小时即可到达。然后在峨眉市中心环岛坐车，前往报国寺。报国寺坐落于峨眉山麓，是山下的第一座寺庙，峨眉的进山门户，也是游客乘车上山（散客旅游汽车站就在报国寺附近）或步行登山的必经之处。离开报国寺，有左右两条山路上山。左线经伏虎寺、清音阁等直达金顶，全程64公里；右线经万年寺达金顶。

住宿

　　在报国寺里，有多种档次的客房对外开放，条件最好的是两三人带卫生间彩电的单间，120~150元/天；条件一般的2~4人间20~40元/天；最便宜的是大殿里的通铺，4元/人。你可以按照心情挑选，如果想体验那种最接近于修行的住宿感觉，住大殿里的通铺最地道了。因为报国寺一直香火旺盛，如果在寺里找不到房间，也可以住在寺外。寺院附近住宿地方很多，可以选择方便泡温泉的星级酒店，也可以选择经济酒店或农家旅社。

佛国旧忆

风水宝地——一寺一窟的帝都佛梦

▌编辑&文/彭治国 摄影/彭治国 部分图片提供/东方IC

2000年前，只有洛阳人才配和长安人一比高下，有如今天的北京和上海。"洛阳自古帝王州"，在历时1500多年的历史长河里，先后有百位帝王以此为帝都，号令天下。站在大佛前，神秘的鲜卑民族、光辉的盛唐气象，霎时都化为乌有。我们只有从历史洪荒掩埋的过去里，重温一段佛国的旧梦。

龙门石窟
信仰的黄昏

　　龙门古称"伊阙"。龙门山上，
"伊阙"两个字硕大无比。"龙门石窟"
就在这龙门山上。它远离洛阳市区，宽阔
平静的伊水在龙门山之间铺开，横贯而
过。远望伊河南岸，山势逶迤，掩映在松
林间的是古刹的姿影、时闻钟磬之声。青
山翠柏，青瓦古寺，看上去犹如胜境。

　　就是这胜境，吸引了北魏孝文帝的
大驾。这位笃信佛教的皇帝，迁都洛阳
后，便看好了龙门这块风水宝地，着手在
山上开凿石窟，建造佛像。龙门石窟的修
建工作，在此后50年中一直继续。除了
孝文帝之外，孝文帝的冯皇后、宣武帝拓
跋恪和他的皇后胡氏（史书常称为胡灵太
后），以及北魏其他许多皇室和贵族，也
都是狂热的佛教信徒，他们都曾先后率百
官来到龙门。

古阳洞里刻姓名

　　龙门开凿最早的古阳洞（《洛阳伽
蓝记》称"石窟寺"），是百官为孝文
帝所作，然而工程没完，孝文帝就去世
了。宣武帝即位后，又在其基础上造石
窟三所。据《魏书·释老志》载，古阳洞
从公元500年至523年工程中止，用工达

▲ 2010年4月10日在河南洛阳龙门石窟风景区
拍摄的石刻造像。（陈为峰/东方IC）

802366个。可以毫不夸张地说，龙门石
窟的宾阳洞乃是北魏在大同云冈石窟之后
又一伟大工程。

　　龙门石窟的古阳洞里，凿刻了许多
供养人的姓名、年月及造像的动机。这里
面有许多北魏的高级贵族，比如北海王元
祥（孝文帝的兄弟）及其母高氏、齐郡王
元佑（文成帝的孙子、孝文帝的堂兄）、
广川王元略的妃子高氏（孝文帝的从叔

段是到了唐代。大唐盛世，国家安定，社会繁荣，这所有的元素成就了奉先寺的开凿。它是龙门石窟中最大的一处摩崖像龛，是武则天"助脂粉钱二万贯"修建的。

沿石阶而上，来到山腰的广场，突然眼前就跳进九尊大像——一尊佛、两个弟子、两个菩萨、两个力士、两个金刚。各个体型巨大，面貌不同，真是惊讶得只有呆住了。弟子、力士、菩萨、供养人都分两旁站着，唯有正中的卢舍那大佛独立坐着，相貌慈祥，面带微笑，给后世的我们留下无尽的遐想。这就是武则天的化身吗？这就是大唐帝国盛世之相吗？

武则天的时代过去，空前繁荣的洛阳城在"安史之乱"中再次遭到严重破

母）、安定王元燮（他的父亲元休是太武帝的孙子，是孝文帝的亲信）……

石窟上这些凿刻的字迹，无意中成了研究北魏书法艺术最好的标本——名扬海内外的法书"龙门二十品"说的就是这里。

唐代开启造像新时代

在龙门石窟开窟造像另一个黄金阶

坏。遍地兵燹，直到黄巢到了洛阳，那几场大战，更是破坏得厉害。洛阳由于社会经济的破产，不再是国家政治的中心。五代那50年间，后梁、后唐、后晋那三朝也还在隋唐基础上成为北方的政治中心，但一切情况都不如从前，龙门石窟也衰落下来，不复有精美的佛龛了。

残破石像历史疮痍

在龙门石窟，我们一个窟一个窟地走，一个龛一个龛地看，满目看到的是残断的手臂、消失的头颅、风化的躯体和坍塌的下肢……这一方面是历史和时代的变迁；另一方面更多的是因为近代以来盗凿者们的猖獗。

在"民国"和"文革"时候，龙门石窟遭到灭顶之灾。而那最著名的，宾阳中洞的《帝后礼佛图》，就是民国时期几个外国商人勾结几个北京、洛阳的古董商人盗凿的。这作品现收藏在今天的美国纽约大都会博物馆。而今天，洛阳街头巷尾讨论最多的依然是盗伐的话题。一个地上的洛阳已经化为焦土，但一个地下的洛阳还依然繁华——那里埋藏着无数文物、无数珍宝。如今，完美的石像已经不复存在，而一座曾经辉煌灿烂的龙门石窟也不再有复生的可能。

武则天
一个帝王的佛缘

龙门石窟为历代皇室贵族发愿造像最集中的地方，也可以说它主要是皇家意志和行为的体现。在这些帝王意志中，最值得关注的是一位女性人物——武则天。她如此热爱佛教，以至于许多人在看到龙门石窟最大佛像卢舍那大佛时，仍能看到千年以前武则天的音容笑貌。

武则天临朝执政时期，龙门开窟造像之多居历代之首，洛阳龙门石窟在武则天时期迎来全盛时代。

据《造像铭》记载，奉先寺兴建时，武则天曾"助脂粉钱两万贯"，同时亲自参加了卢舍那佛的开光仪式。武则天当皇帝之后，也曾在奉先寺召见群臣。作为华严宗主尊佛的卢舍那大佛，在某种程度上其实就是武则天形象的写照。

武则天主持朝政后，更是大力提倡佛教，到处建佛像，修寺院。当时的佛教寺院可与宫室相媲美，极尽奢华。洛阳呈现出空前的佛教热潮。

直到晚年，她还曾两次迎奉法门寺佛骨舍利。而其中以704年迎奉法门佛骨舍利声势最为浩大。这一年，武则天命人到"法门寺"迎奉佛指舍利入宫供养。在护送到长安的一路上，官员百姓竞相朝拜祈福。

交通路线

石窟位于洛阳市区南12公里处，可从洛阳火车站乘81路公交车前往，车程约40分钟，还有从市区其他地方坐53路和60路也可以到达。龙门石窟与少林寺之间也有对开的班车。龙门景区停车场距离景区大门、东山和西山景点之间都还有点距离，需要步行或乘坐景区电瓶车前往。切记不要乘坐黑车。

住宿

龙门石窟景区内有一些酒店，适合自驾游去。住在里面可以看到景区的夜景，近距离感受石窟的魅力，不足是离公交站和搭乘出租车较远，需要步行，不是很方便。

最佳旅游时间

每年春秋时节来到龙门石窟最为适宜，春可赏牡丹，秋高气爽，登高望远最佳。

门票与开放时间

120元（包括西山石窟、东山石窟、白园、香山寺）；旺季开放时间：7:30~18:30；淡季开放时间：7:30~17:30

武则天和佛教最初的情缘

武则天是我国历史上唯一成就帝业的女皇帝，也是一位杰出的女政治家，更是一位富有魅力的历史人物。武则天的魅力在于她自幼习读经书，兼涉文史，聪明睿智，妩媚动人。贞观十一年（637年），14岁的武则天以自己的姿色被召入宫，当了唐太宗的"才人"。并以其才能、姿色使太宗、高宗父子倾倒。贞观二十三年（649年），太宗去世，28岁的武则天入长安都感业寺，为比丘尼。

白马寺
千年佛寺的前尘往事

在南北朝隋唐佛教全盛时代，洛阳的佛寺万千。而如今留给世人游览的，只有

那历史最悠久、最负盛名的"白马寺"。

白马驮经

有关白马寺，最耳熟能详的还是那则夜梦金人的传说。据北魏杨炫之的《洛阳伽蓝记》记载："白马寺，汉明帝所立

也，佛入中国之始。寺在西阳门外三里御道南。帝梦金神，长丈六，项背日月光明，金神（胡人）号曰佛。遣使向西域求之，乃得经像焉。时白马负经而来，因以为名。明帝崩，起祇洹于陵上。自此以后，百姓冢上，或作浮图焉。寺上经函至今犹存。常烧香供养之，经函时放光明，耀于堂宇，是以道俗礼敬之，如仰真容。"

这一流传甚广的传说，不一定可靠。但白马寺作为中国第一古刹，早已是公认的事实。

早晨的时候到了白马寺，过了卖票的大门，最早看到的是两匹个子不高，低着头，形象温驯的白马石像，这就是驮经的白马。然后见到寺院正门上方是前佛教协会主席赵朴初题写的"白马寺"三字，字体结构严谨，雍容大度，有着佛家的气象。

走进山门，西侧有一座《重修西京白马寺记》石碑。这是宋太宗赵光义下令重修白马寺时，由苏易简撰写，淳化三年（992）刻碑立于寺内的。山门东侧还有一座《洛京白马寺祖庭记》石碑，这是元太祖忽必烈两次下诏修建白马寺。

院子里碑上还看到一块明朝嘉靖年间的碑记。大意说：

汉明帝永平七年甲子，四月初八，帝寝南宫，夜梦金人，上因君臣之对，遂使人至西域求佛道，乃得摩腾竺法兰，帝

大悦，至十四年辛未，敕于西雍门外，建白马寺以居之。唐时，规模渐废，宋太宗命儒臣重修，以后历有兴废，明正德年间更大为修理。嘉靖年记。

由此看来，白马寺也是九死一生。只因为这是佛教源流所在，历代都设法保存下来。倒也印证了佛教的生生不息。

佛法弘扬

在白马寺，有个清凉台，这是一个特别的所在。清凉台是个砖砌高台。高台边有个敞轩，可以小歇。这个看上去并没有什么特别之处的地方，却把一段重要的历史内容浓缩在这里。

传说汉明帝遣使向西域求法时，皇帝遣使向西域求法接回两位印度高僧摄摩腾、竺法兰。他们来到洛阳，被安排在接待诸王和外国人的鸿胪寺暂住。第二年，汉明帝下令在洛阳城雍门西面，为这两位印度僧人建造了房屋，这些房屋就成了今天的白马寺。

在白马寺里，他们开始译经传法。第一本汉文佛经《四十二章经》就是他们在清凉台上译出的。两位印度僧人在清凉台上的译经工作，奠定了白马寺作为中国第一译经道场的地位。

这两个印度僧人在中国传法，最终把生命也留在了这里。在白马寺东西两厢围

其实是其中一个重要组成部分。随着唐朝文化的传播，白马寺的汉译佛教经典远及日本、朝鲜等地，为佛教文化在东亚的传播起到了重要作用。

佛教传播的种子生生不息，越传越远。直到今天，这样的传戒大会，在白马寺依然举行。1993年的传戒大会上，受戒者更是达到了创纪录的1800余人。而这些受戒者来自世界各地，例如日本、美国、缅甸、新加坡、马来西亚等国。可以这么说，白马寺为佛教文化的传播起到了无可替代的作用。它最辉煌的时代，正是龙门石窟和洛阳的全盛时代，也是佛法光辉灿烂的鼎盛时代。

墙之下，苍翠茂密的柏树林中，左右各有一个大土馒头，这便是他们的坟。如今的清凉台上，东西两侧分供他们的泥塑像。

摄摩腾、竺法兰之后，安世高在汉桓帝时来到洛阳白马寺。安世高在白马寺共译出佛经95部150卷。据《开元释教录》载：从东汉至西晋，先后出现译师34人，译出经书700多部1400多卷。这些成就基本上都是在洛阳白马寺取得的。

随后，有更多僧人加入到翻译佛教典籍的队伍中。汉译佛教典籍的数量之大，品类之多，实为世所罕见。而这一切的一切，都开始于洛阳白马寺。

唐朝洛阳之所以如此繁盛，白马寺

TIPS

交通路线

白马寺在洛阳东郊20公里。从西关坐56路车直达，约1小时路程。自驾车从开元大道向西方向，前往市府西街，行至市府西街口掉头向右前往洛界高速，下洛阳/白马寺/G310/二广（南洛）高速洛阳白马寺站出口，前往启明北路，在车站街向右转至白马寺。

住宿

景点不能留宿，可住市区，住宿较为大众化。

门票与开放时间

50元（凭白马寺皈依证免费）；开放时间：7:30~17:30

塞外风光

朝拜圣地——玄奘讲经之处塔尔寺

不同于小桥流水、苍松翠柏，塞外的风光雄浑绮丽。空气里裹挟着浓重的羊膻味，干燥的风沙，一望无边的大漠——盘踞其中的枯树为其平添几分悲壮。这是男人的颜色，非浓墨重彩，是大笔一挥的白描，壮烈风骨在这儿，侠肝义胆也在这儿，这里是中国最爷们儿的精髓所在。

西北
望塞外雄浑风光

大漠孤烟直，长河落日圆

记得王维的《使至塞上》吗？"沙坡头"是最能诠释这诗句的地方。沙坡头南靠重峦叠嶂、巍峨雄奇的祁连山余脉香山，北连沙峰林立、绵延万里的腾格里大沙漠，中间被奔腾而下、一泻千里的黄河横穿而过，在沙与河之间，是一片郁郁葱葱的绿洲。鸣沙山位于宁夏回族自治区中卫县境内的腾格里沙漠的边缘，沙丘呈新月形，高约100余米，脚下是滔滔黄河——水沙一色，动中有静。

沙与河这对本不相融的矛盾体，在沙坡头却被大自然的鬼斧神工巧妙地融合在了一起，浩瀚无垠的腾格里大沙漠、蕴灵孕秀的黄河、横亘南岸的香山与世界文化遗产战国秦长城、秦始皇长城……谱写出一曲大自然的梦幻交响曲。撒开嗓子高歌一曲，歌声在沙漠的夜空里翻滚着消散，也许会翻转回你沙漠之夜的梦中，兴许还能依稀听到梦回大漠的驼铃声。

塔尔寺
黄教圣刹

从西宁驱车西南行25公里便可到达湟中县城鲁沙尔。南边莲花山中，佛殿、经堂、宝塔等富丽堂皇，整个建筑错落有致、疏密相间，形成一个壮观的佛教文化世界，这就是"黄教圣地塔尔寺"。

塔尔寺之所以成为信徒们心驰神往的朝拜圣地，是因为这里是黄教一代宗师宗喀巴的诞生地，历史上第三、四、五、七、十三、十四世达赖喇嘛和第六、九、十世班禅大师均曾在此驻锡，也因此受到历代中央王朝的高度重视。塔尔寺现占地40余公顷，殿堂25座，僧舍300余间，是藏汉建筑艺术相结合的佛教建筑群，这里的主要建筑有八宝如意塔、大金瓦殿、小金瓦寺、大经堂、花寺、九间殿和新建成的酥油花陈列馆等。

塔尔寺的宗教艺术以堆绣、壁画和酥油花最具代表性，称为"艺术三绝"，而酥油花又居三绝之首，在整个蒙藏地区的寺院油酥中也是出类拔萃，首屈一指，所谓"青海飞车结伴游，奇葩共赏塑酥油"的诗句便是诗人们为看酥油花而作的。酥油花陈列馆里的艺术珍品绝对让人大饱眼福。

重走玄奘之路 与历史的对话

在玄奘之路上，有许多的历史古迹，走到它们的面前，与那段古老来一次亲切对话。从双塔水库出发，这里是唐代的玉门关所在地，只不过当时将士出征的誓师之地如今已经淹没在碧波荡漾的双塔水库之中；来到唐朝的塔尔寺，玄奘西行时曾在此讲经说法一个月。18世纪以来塔尔寺遭遇过数次洗劫，很多国宝级文物包括塔上的夜明珠都被俄、英探险队以探险的名义盗走，现珍藏在大英博物馆等处。经过的锁阳城则是丝绸之路上最重要的城堡之一，它原名为苦峪城，因周围有很多味美甘甜的锁阳，后改名锁阳城。这里曾经是西北最大的古战场，拥有我国保存最为完好的古代军事防御体系和农田水利灌溉系统，近千年来，戍边将士的古墓遍布锁阳城周围，更为这里增添了一丝悲壮；而终点——石包城，也是一座古城城堡，顺着城堡西边的羊径石道，约摸半个小时，便能登上石包城的城头，立于城头，整个石城的雄姿便展现在眼前，耳畔仿佛还会传来神秘的天籁之音：远古的夕阳中，寂静的戈壁上，古战场的阵阵鼓点和声声厮杀仿佛就在眼前。

青海
情迷花海

闲花野草能资民用，当漫山遍野的油菜花映入眼帘时，只让人想变成一只蝴蝶，寻寻觅觅舞动其间，谱写一首自己的《蝶恋花》……

青海有着世界上最大片的高原油菜花海，每一个到达那里的人，都会被它一望无际的广阔而震撼。高原有湛蓝的天空，不远处便是皑皑雪山，碧绿的麦田与金黄的油菜花海交相辉映，随风舞动，波浪翻滚。从天际飘来几片白云，给这原生态的美景增添了几分情趣。

这里具有十足的西部风味，近百万亩油菜花形成的百里油菜花海成就了博大壮阔的特有奇观。这里的山山水水都被覆盖上了一层金色的外衣，这恐怕是世界上最奇特的大海了……

7月初，还不是油菜花开放最盛的季节，但是此时的色彩却非常丰富，田野抹上了一片翠绿，其间点点滴滴地透出了一丝丝的淡黄——那是一种精力旺盛、生机勃勃的浪漫宣言……

踏遍山野 纵情湖泊

踏进祁连县卓尔山，新城区北部整个山体为"丹霞"地质结构，颜色红赤而造型各异，加之牛心山与祁连山将其围在山谷中心地带，使它成为天然观景台和丹霞地质公园。祁连山位于青海东北部，大自然恩赐了它富饶恢宏的自然景观，"六月飞雪"是祁连山气候和自然景观的写照，冰峰雪岭，起伏幻化的高原丘陵，扬起漫漫沙雾，争睹那千姿百态，堪称世界奇观。

前往中国最大的内陆咸水湖，誉为中国五大美丽湖泊之一的青海湖。地处青海高原东北部，面积达4456平方公里，环湖周长360多公里，途中游览因草原沙漠化形成的沙山，途经文成公主赴藏摔镜之地"日月山"，经"天下河水皆向东，惟有此溪向西流"的倒淌河后可返回西宁……

TIPS

交通路线

北京到西宁的航班很方便，而且在9月之后，青海旅游进入淡季，机票比较好订且价格宜人。

住宿

塔尔寺周边宾馆提供住宿，交通便利，闹中取静，藏式的房间很有特色，早上7点前还可以免费进塔尔寺，听听僧侣们做早课。

提示

1. 寺庙内是严禁拍摄的，偷拍后果十分严重；拍摄人物，尤其是僧侣、妇女，取景前一定要经对方允许，以免不必要的麻烦。

2. 门源油菜花海——世界最大片的高原油菜花海，7月是最美的季节，构成了夏季青海的最佳景观，有充足时间拍摄观赏。海拔高，请注意防晒。

藏区腹地

静如处子——恬淡安宁的郎木寺

在甘肃省甘南藏族自治州那片平和美丽的高原上，有一个恬淡安宁的村寨——郎木寺。在这里不仅能欣赏到旖旎的风光，领略充满神秘色彩的宗教文化，还可以寻找到世外桃源般的宁静。

甘南的梦幻之地

"郎木寺",又称为纳摩景区,它不单是座寺院,也是村寨的名字。这里有旖旎的风光,充满了神秘色彩的宗教文化。郎木寺是一个和善、包容的地方,藏传佛教和伊斯兰教平等存在,藏族、喇嘛、穆斯林和汉族和平共处。很多人以为郎木寺是一个大寺,其实不然,一条白龙江源头的小溪穿村而过,将这个风景如画的小村寨分为甘肃和四川两个部分,村中有两座藏传佛教的喇嘛庙分别在白龙江两岸,小溪的北岸是甘肃的郎木寺,南岸就属于四川若尔盖县的格尔底寺,这两座寺庙就这样隔着小溪相互守望。

郎木寺有一种恬淡宁静的美,高山、草原、松林、溪流在这里汇聚,有种世外桃源的意境,在郎木寺住上几天才能体味那种恬淡致远的感觉。当清晨天空泛起微微晨光时,此时光线是迷幻的,有着迷蒙的蓝色,山谷人家和寺院的炊烟也缓缓升起,它们混杂在一起,在晨曦映照下,所有的场景亦真亦幻。

感受郎木寺的晨曦和黄昏

去郎木寺,是去体验远离尘嚣的安宁,是去感受宗教共融的和谐,也能在盛夏里获得一份甘南草原上的凉爽。在郎木寺小村,可以参观两座藏传佛教寺院和一座清真寺院,清晨时,可去那片与郎木寺遥望的松树林去散步;傍晚时,可去观赏夕阳中如火的红石崖,一轮满月悬在蓝天上,是忘忧境界;也可以在村子里闲逛,去小咖啡馆闲坐,和当地人谈天说地;还可以沿着白龙江去四川境内的峡谷探密。

郎木寺的清晨和黄昏是最迷人的,清晨的薄雾和炊烟一起笼罩着山坳中的小村。时常流动着一幅幅诗意的景象:头戴披巾的穆斯林大婶提着拖把到小溪边涮

洗；提水的老妇人站在岸边，向河对面的邻居问候、聊天；晨光静静地打上屋檐和塔尖，三三两两的信徒结伴走向转经殿，渐渐地寺庙里传来喇嘛晨诵的声音……而当黄昏降临，郎木寺便笼罩在一片安详的夕阳之中，佛塔、清真寺和民房的屋顶都呈现出温暖的光泽，僧舍的屋顶上也升起了炊烟。

在郎木寺住上几天才能体味那种恬淡致远，到与郎木寺遥望的松树林去散步，在夕阳下观赏如火的红石崖，沿白龙江去峡谷中探密，去后山的天葬台看一轮满月悬在蓝天上，是忘忧境界。

梦徊拉萨
探寻秘境——雪顿节的神秘面纱

编辑/ 王立莉 撰文、图片/ 阿高

　　一年一度的"雪顿节"是一年中拉萨游客最扎堆的时候了，要深入体验这个藏民一年中最盛大的节日，还真需要做足功课，探寻拉萨秘境之美。

▲ 桑烟四起，人们欢呼着簇拥着巨幅唐卡

展佛
信众对信仰最好的供养

一早醒来，天还未亮，就听见"哲蚌寺"里嘉令与铙磬的法乐声响，进寺没多远，碰见一队僧人，有百十来号人，正抬着用来展佛的巨型唐卡，从措钦大殿出来。展佛用的唐卡还未打开，卷成一条数十米的长龙，一队僧人用肩扛着，前后有吹着嘉令的僧人簇拥，在哲蚌寺狭小的巷弄里，这一队人马显得拥挤而壮观。有比

我们还早来的朝圣的藏族人，在路边合十守候，有人挤上前去，用头去顶礼唐卡卷，能顶到的人一脸幸福。这幅唐卡一年只展出一次，一次只展出一个时辰，机会十分难得。

展佛台位于寺旁山谷对面，这里建起一座高大的台子，面向寺里的大殿。尽管高台后面建有石阶和脚手架，但要把这近30米长的巨大唐卡卷送上台顶，并非易事，五六十号人须进退有方，合为一体，方才不致出乱。上百个僧人齐心协

▲ 虔诚的牧民在煨桑。

▲ 雪顿节上，喇嘛吹起巨大的法号。

力，将唐卡顺顺当当送上展佛台，此时天色已然大亮，陆陆续续赶来的人们涌进整个山谷。桑烟四处燃起，弥漫在半空中。当唐卡缓缓展开时，筒钦浑厚的低音震彻山谷，嘉令和唢呐的号声悠扬而跌宕，宣告雪顿节开幕，随着唐卡自上而下缓缓地展开，佛菩萨的面容一点一点展露出来，无数白哈达被抛向唐卡，那是信众对信仰最好的供养。我此时挤进人群中，在唐卡正下方，哲蚌寺的几名僧人手臂挂满哈达，人们把哈达一头挽起来，结成一个疙瘩，拎着另一头，将哈达甩向唐卡，甩得越高越好，看上去就像一波波白色的波浪一般，当整个唐卡完全展开的一刻，整个山谷爆发出欢呼声。桑烟四起，如起了大雾，山谷两侧上上下下挤满了人，山崖上也站满了人，有人带着红色氢气球，让它们从桑烟中腾空飘去。

展佛在正午结束，信众们仍然涌上山来，和出山的人一样多，此时下到山脚下213国道边上，街上也挤满了人。2路中巴人塞得满满的挤不进一只麻雀去，绝大多数人沿着公路往拉萨走。人们走得腿脚疲软，脸上却放着光。

那一天起得晚的人，不仅打不到车，也赶不上中巴，多半还没赶到哲蚌寺，展佛就已经结束了。

"酸奶"
庆祝苦修的圆满

藏语的酸奶称为"雪顿"。雪顿节虽然以"酸奶"为名，实质却是庆祝苦修的圆满。此时的拉萨，正有一年中最好的天气，每天夜里一场细雨，早晚都十分凉爽，这也是拉萨一年中最轻松、最愉悦的时光。

这种愉悦与拉萨城的作息密切相关，自藏历新年到年末送鬼，拉萨城用一个个节日应和着四季的周转，与修行的实践相关。雪顿节紧接着寺院的六月"夏座"。所谓"夏座"，即与修行功课相关——夏季万物生发，以慈悲为念的佛教徒为避免出门伤害世间友情，常有夏季闭关修行的功课。藏传佛教格鲁派寺一般定为两个月的修行，出家僧侣不得出寺，严格的还要持斋，称为"夏座"。过去在拉萨，为庆祝"夏座"结束，人们供养酸奶，所以雪顿节仍然是吃酸奶的节日。这时候的酸奶品质最好。买一盆牧民自酿的酸奶，可以吃个五六天。酸奶又浓又稠，味道更酸一些，所以一定要拌进白糖，搅匀了，用勺子舀着细细品尝，那口感，清爽馥郁。

古寺归隐

◀ 拉萨孩子无邪的笑脸

但味道上佳，一般煮来吃，撒上辣椒面和盐。生活是无限美好的，而过着林卡的拉萨人最善于享受这份美好。

藏戏
享受生活的美好

　　雪顿节的藏戏团来自各个著名的藏戏之乡，除了尼木巴和扎西雪巴的开场戏外，真正好看的是藏戏中的"白面具"，包括《八大藏戏》这样完整的故事，以及一些小品和民间故事。过去较出名的藏戏流派，在山南有乃东县的扎西雪巴和穷结县的宾顿巴（这是第一个藏戏班子）；在日喀则有仁布县的江嘎尔、昂仁县的迥巴、南木林的香巴，以及喇嘛嘛呢（其实是专讲佛经故事的说唱艺人）；在拉萨周边有觉木隆和雪巴拉姆两个剧团，这是近代比较重要的剧团。

　　今天的藏戏演出分别在罗布林卡和龙王潭公园里，我更喜欢后者，这里舞台较高，可以坐在草坪上一边过着林卡一边看戏，甚至可以支顶小帐篷，看累了就歇会儿。周边有各类小吃摊、饮料摊。背着背篓的女孩一边在人群中穿行，一边叫卖"雪果、雪果"。雪果，藏语指土豆，西藏的土豆很小，只有杏子或李子般大小，

TIPS

交通路线

　　从拉萨出发，去往西藏各地，你会发现路变得更好走了。墨脱通公路了，去纳木错、林芝都是柏油路面了。而且通往珠峰大本营的路面，尽管是有部分砂石路，但也平整了许多。

　　建议去正规旅游汽车公司租有手续的车，比如西藏旅游汽车公司和大地旅游汽车公司，在安全上有保障，一般要提前两个星期预订。

住宿

　　拉萨住宿价格增长飞快，平时只卖200多元的三星级宾馆，最高涨到700多元，拉萨有3家五星级酒店，雅鲁藏布、神湖和新鼎，房价都在千元左右，但是一开业就生意火爆。

提示

　　1. 进入寺内尽量别大声喧哗，尊重藏人的习俗。

　　2. 在雪顿节看藏戏，昭示了"林卡节"的来临。这个节日没有列入任何菜单，不过却是西藏最牛的节日，川西人称为"耍坝子"，美国人可能会称为野游或度假之类的。就是说找一个有草有水的地方，尽情地玩上几天几夜，最好扎着帐篷，晚上睡在卡垫上，"过林卡"伴随着所有愉快的节日——法会、跳钦、赛马会——吹牛、喝酒、聊天，一直玩到星光灿烂的时分。

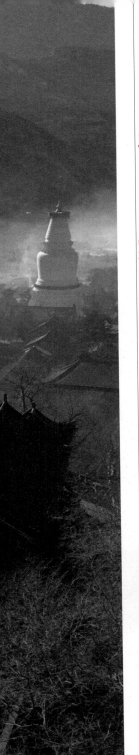

SECRET MEDITATION
山野修行

　　"一个人是否快乐，不在于他索取多少，而是看他给社会、他人付出多少，达到无我利他的境界，人便能获得真正的喜乐。"2005年，纪录片《寻找香格里拉（大宝法王传奇）》的播出，引起世界轰动。

　　当越来越多的人在纷繁的生活中思考生命意义的时候，去修行成了都市人的向往。

　　修行是一种状态，通过佛法、禅修，达到自我蜕变的目标，脱胎换骨，收获颇丰。

大智容百家
——五台山

五台山是我国保存寺庙最多的佛教名山，现存寺庙39所，其中最著名的是"五大禅处"：显通寺、塔院寺、菩萨顶（文殊寺）、殊像寺和罗目侯寺。

五台山名片

五台山位于山西省五台县东北部，是世界五大佛教圣地之一，佛教华严宗的发祥地。自东汉明帝以来，五台山就成为佛教圣地，五峰内外佛寺最多时达300所，僧民达万人之众，成为我国最大的寺庙建筑群。大智慧的五台山融汇了印度佛教、藏传佛教、汉传佛教等不同的佛教派别，在这里还能看到喇嘛庙。

文殊菩萨的道场

五台山位居四大佛教名山之首，传说它是"大智"的文殊菩萨说法显灵的道场。文殊菩萨是释迦牟尼佛的左胁侍，专司智慧。他的坐骑是一头青狮，表示智慧、威猛。连坐骑都是智慧的象征，可见到五台山参拜说不定真能向菩萨求得慧心呢。

既然是文殊菩萨的道场，那么文殊菩萨自然就在所有的场合被供奉着。大文殊殿里供奉着7尊文殊菩萨塑像，正中是骑着雄狮的大智文殊，背后是甘露文殊，左右按照五台方向分布着五方文殊：东台顶聪明文殊、南台顶智慧文殊、西台顶狮子吼文殊、北台顶无垢文殊、中台顶儒童文殊。

文殊菩萨居住的地方叫菩萨顶，是座喇嘛寺，寺内供奉着五台山最高的文殊菩萨像，高达9米。既有汉地佛教寺庙，又有藏传佛教寺庙，佛教名山的宽容和吸纳各家精华的精神可见一斑。

造型最奇特的是千钵文殊殿里供奉的千臂千钵千释迦文殊菩萨，上面累叠着5个头，身前6只巨手，两只手捧着一个大金钵，身后向四方伸出上千只手，每只手上托一个金钵，每个金钵内都有释迦牟尼坐像，据说这代表着文殊菩萨一人汇聚了千位佛陀的智慧。以前只知道有千手观音，原来文殊菩萨也有此幻化本领。

似乎土地神从来都以搞笑的姿态出现，在高高在上的林立的菩萨像之中，无量殿西边那座塔的底层西南角竟然有座拇指大小的小铜庙，里面居然还供奉了一位土地神。传说当年康熙皇帝看后感叹道："好大的土地"，所以这个土地神就被封为"山西大土地爷"。

五台之夏

五台山背后终年积雪，夏日凉爽，故又名"清凉山"。虽然它位于与北京大致相同的纬度，但气候特征却和东北部的大兴安岭差不多。台顶历年极端最高气温只有20℃，7月至8月平均温度只有八九摄氏度，台怀镇的最高气温也只有27℃。台怀地区夏季空中云层较近，湿度大，常有雨水，因此到五台山来还要多带些衣服呢。

TIPS

自驾路线

六里桥—京石高速—保定—定州—曲阳—阜平—石咀—五台山。往返1000多公里

住宿

在台顶吃斋和投宿是不用费用的,也是最安全的，最省的。台怀镇里宾馆档次分明，有200~300元的豪华宾馆，也有十几块钱的家庭旅店。还有普化寺边上的"晋佛宾馆"都比较省点，如果要吃当地美味，最好找农家自家开办的小型店，住吃都省，不过不要走得太背误入黑店。

行程推荐

第一日游览台怀镇附近的寺庙显通寺、塔院寺、菩萨顶、广宗寺、圆照寺等；第二日游览殊像寺、龙泉寺、普化寺、观音洞、南山寺等。如果还有第三日，可游佛光寺、金阁寺、南禅寺。

提示

1. 夏季五台山多雨，最好携带雨具，长衣长裤也是必备衣物。
2. 饮食比较便宜，可以吃到山西特色面食，而且可以到专门的素食饭馆尝尝素斋饭。

佛事活动

每年农历四月初四是文殊菩萨圣诞日，五台山会举行盛大的佛事活动。每年7月25日至8月25日是"五台山国际旅游月"。

海天出佛国
——普陀山

　　"自古名山僧占多。"经过一代代僧侣的悉心经营，寺庙跟宗教一起融入了山林，并且兴旺发达起来。而山本身也因为有了古老辉煌的寺庙和生活其中的僧侣而有了生机，有了内涵。在大殿里静静地听一堂早课，或者到寺庙的斋堂里吃一顿素斋，抑或只是坐在一边看着和尚清扫寺院。此时，你感受到的丝丝凉爽，绝不仅仅是山林、大殿本身的阴凉。

普陀名片

普陀岛位于浙江舟山群岛中，鼎盛时期全山共有3大寺、88庵、128茅篷，4000余僧侣。从寺和庵的数量来看，普陀山阴盛阳衰，尼姑要比和尚多。

山，有佛则名
人，心静则凉

普陀山是"大慈大悲"的观音菩萨显灵说法的道场。观音菩萨是所有菩萨中被人最为熟悉的一个，也是最善心的菩萨。据《法华经》说，受苦受难的众生只要念诵观音名号，菩萨立即就可"观其音声"，前去解救。观音是"西方三圣"之一，是阿弥陀佛的左胁侍，也是佛教诸神中变化最多的一位神灵，比如千手观音、送子观音等，使观音菩萨似乎成了无所不能、无难不救的菩萨。

普陀山里有个"不肯去观音院"，相传是公元9世纪，日本僧人从五台山请到一尊观音像，准备乘船回日本，但途中遇大风漂泊到普陀山。日本僧人想，大概观音菩萨不肯离开故土去日本，便在普陀山上修建了第一座佛教寺院"不肯去观音院"。

山上三大寺庙之一"普济寺"被称

为"活大殿"，据说百人进去不觉宽敞，千人进去也不觉拥挤。最奇特的是，里面供奉着32尊不同名称与造型的观音像，可见观音菩萨多么富于变化了。

另一座著名寺庙"慧济寺"建在普陀山最高峰佛顶山上，从山顶下山，可以看到著名的"梵音洞"。这是靠海处的一

个天然大裂缝，深达80多米，传说里面是观音显灵处，海水涌入洞中，涛声震天，被称为"梵音"。

TIPS

交通

普陀山由两条旅游专线车将大多数景点连接起来。这两条专线车每隔10~15分钟一班，运营至17：00止，17：00以后各类车辆陆续收工，游客应在此前返回住地。

住宿

佛缘居是普陀山的农家乐住宿，距离普陀码头步行5分钟即到，交通方便，清静宜人。

门票

1月、12月为淡季，门票140元/人次；2~11月为旺季，门票160元/人次；正月初一至初五、5月1~3日、10月1~5日上浮至门票200元/人次。

行程推荐

第一天上午游普济寺、西天景区，下午百步沙海滨浴场；第二天上午游法雨寺、千步沙，下午登佛顶山；第三天游紫竹林、南海观音。虔诚的香客往往还要花一天朝拜洛迦山，以求圆满。

提示

普陀山特产有佛顶山雨雾茶、观音素饼、黄鱼、墨鱼、观音水仙、南海紫菜等。

佛事活动

每年农历二月十九观音圣诞日、六月十九观音成道日、九月十九观音出家日，普陀山上会举行中国普陀山观音香会节。

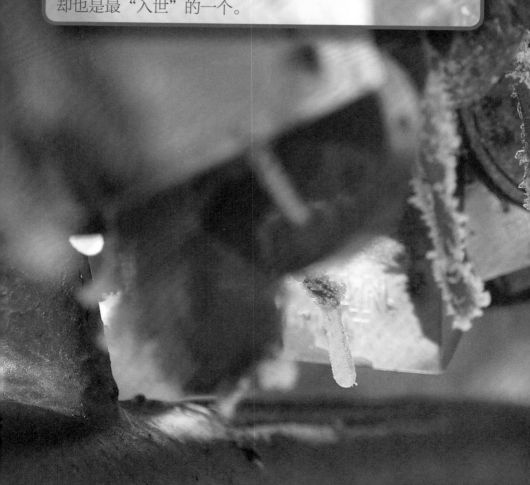

佛俗皆入世
——峨眉山

"峨眉天下秀"，峨眉山与其说是佛教名山，倒不如叫作旅游胜地。它是四大佛教名山中最高也是最秀丽的，却也是最"入世"的一个。

峨眉名片

峨眉山是四座佛教名山中最高的，可谓"一日有四季，十里不同天"。和其他几座名山比起来，峨眉山的佛教文化味道更轻，而自然景色，甚至世俗娱乐所占比例更为明显，所以峨眉山是以"峨眉天下秀"而闻名于世的。其实，这座佛教名山之前还是道教名山"虚灵洞天"。

秀甲天下佛法无边

峨眉山是"大行"普贤菩萨的道场，普贤菩萨是释迦牟尼佛的右胁侍，专司"理、德"，他的坐骑是一头白象。这个菩萨在四大菩萨中似乎是最默默无闻的，但却选中了最具自然美景的峨眉山做自己的道场，可谓独具慧眼。"有理不在声高"，恐怕佛法高深与否也不在名声是否远扬了。

金顶是峨眉山的第二高峰，在这里可以观赏到著名的峨眉四绝：日出、云海、佛光、圣灯。佛光就是雨后初晴，阳光透过水蒸气形成五色光环，有可能在光环中看到自己的身影。圣灯则是夜晚时，山上磷火发出的蓝光。

既然峨眉山以"秀"甲天下，那自然除了寺庙更要看山水了。若要亲身体验"秀甲天下"的真谛，不妨去峨眉山腹地一游。乘车到五显岗，沿步行道经清音阁、一线天、洪椿坪、九老洞、洗象池、雷洞坪再上金顶，或者乘车去雷洞坪，上金顶返雷洞坪沿步行道下山。这条线路可是联合国教科文组织世界遗产委员会专家考察峨眉山世界遗产的黄金线路，包括了峨眉山自然和人文资源最集中的核心区。这条线路有峨眉山八大寺院中的清音阁、洪椿坪、仙峰寺、洗象池四座古刹；有传统的峨眉十景中的"双桥清音"、"洪椿晓雨"、"九老仙府"、"象池月夜";有著名的地质地貌景观"牛心石"、"一线天"、"龙江栈道"等;有被称为"植物活化石"的珙桐、桫椤,以及成片的杜鹃和种类繁多的珍稀植物;还有十多个自然猴群在这一带生息。

峨眉山森林覆盖率达98%,清凉幽静,空气清新,气候凉爽,盛夏季节也不过20℃。山中众多的水景,更是把清凉感觉推到极致。这里拥有得天独厚的"猴资源",有3~5群约300余只灵猴,每天徜徉在游山道、栈道、寺庙附近。每天早上9点左右,随着猴区管理员敲响锣声、吹响哨声,喜听锣声的黄毛猴和爱听哨声的黑毛猴便在猴王的率领下,到猴区游山道和栈道旁"上班",与人同乐,直到下午5点后在管理员的催促下才"下班"。

TIPS

交通

峨眉山距成都156公里,距乐山34公里。乘火车到达成都,再转乘成都新南门车站的旅游中巴车进入景区,平均每30分钟便有班车发往峨眉山或乐山,车程约2小时,票价37元左右。

住宿

可以按照自己的环线路程选择住宿,在景区内住上一晚,便于更好地游玩。低山区去报国寺和市区都很方便,价格几十元到几百元不等;中山区附近的农家旅社较多,听村民讲山中趣事,乐趣颇多;高山区有名的金顶大酒店,可以观赏金顶日出,此外,一些寺院也可以供游客居住。

门票

旺季185元/人次,淡季110元/人次(淡季时间:每年12月15日~次年1月15日)。

行程推荐

1. 低山区环线:秀甲天下大瀑布、观震旦第一景点、凤凰堡赏圣积晚钟、报国寺、伏虎寺、雷音寺、纯阳殿、神水阁、清音阁。

线路特色:赏海拔1000米以下的植被景观,纵览以伏虎寺为主的峨眉山尼众寺院的全貌。

2. 中山区环线:万年寺、清音阁、自然生态猴区、洪椿坪、清音阁。

线路特色:欣赏海拔700~1120米之间峨眉秀色之神韵,与猴相戏。

3. 高山区环线:零公里、雷洞坪、接引殿、金顶、万佛顶。

线路特色:观赏峨眉山丰富的垂直分布的植物资源,饱览金顶四大奇观。

提示

雪后或雨后的峨眉山部分路段非常光滑、危险,游人应特别注意安全,不宜穿光滑底鞋和高跟鞋。

佛事活动

万佛阁撞钟颇有讲究,常撞击108次:晨暮各敲一次,每次紧敲18次、慢敲18次,不紧不慢再敲18次,如此反复两次,共108次,其含义是应全年12个月、24节气、72气候(5天为一候),合为108次,象征一年轮回,地久天长,祈愿世界和平、国泰民安。佛家也解释为:击钟108次,可消除108种烦恼与杂念。

执著度众生
——九华山

　　地藏菩萨以"地狱未空，誓不成佛"的誓言闻名于世，作为其道场的九华山也确实高僧辈出，山上的肉身菩萨似乎还在继续实践着地藏菩萨的誓言，也许你能在这里取得真经。

九华名片

九华山位于安徽省池州市，唐天宝年大诗人李白游此山见山色奇秀，状如莲花，吟唱出"妙有分二气，灵山开九华"的诗句，九华山因此得名。公元719年，新罗国（古朝鲜）王子金乔觉（法号地藏）渡海来唐，苦心修行75载，99岁圆寂，3年后肉身不腐，佛门认定他是地藏菩萨应世，九华山遂辟为地藏菩萨道场。明、清鼎盛时期，寺院300余座，僧尼四五千人，香火之盛甲于天下。九华山现有寺庙99座，僧尼1000余人，佛像1万余尊。

温润宜人心存大愿

关于有"大愿"的地藏菩萨，最有名的就是"众生度尽，方证菩提；地狱未空，誓不成佛"的宏愿。据说这是一个执著的菩萨，以普度众生为终生之愿，他的坐骑是一头像狮子模样的怪兽。可能是他不能为祈求他的凡人带来直接的好处，所以他在世俗中的声望并不像观音菩萨那样显赫，而是在修行者中更有知名度。

九华山历代高僧辈出，从唐至今自然形成了15尊肉身菩萨，现可供观瞻的有5尊，其中明代无瑕和尚真身被崇祯皇帝敕封为应身菩萨；1999年1月发现的仁义师大肉身是世界上唯一的比丘尼肉身。在气候常年湿润的自然条件下，肉身不腐已成为生命科学之谜，更为九华名山增添了一份庄严神秘的色彩。

TIPS

交通

乘飞机、火车可以到南京后转乘汽车直上九华山；乘汽车可以在合肥、芜湖、铜陵、黄山、安庆等地换乘往返客车至九华山。九华山下柯村景区每天均有循环景区交通班车至九华街和凤凰松景区。

住宿

安徽九华山住宿旅游服务业比较发达，酒店宾馆、农家乐，农家乐众多。选择在山上居住，离寺庙和景点都近，适合早晚观看佛事活动，又免于盘山公路的奔波，比较方便。

门票

旺季190元，淡季140元

行程推荐

第一天，乘百岁宫缆车游览百岁宫、五百罗汉堂、东崖禅寺、回香阁，徒步下山参观通慧禅林，晚餐后参观佛事活动。第二天，游肉身宝殿、地藏禅寺，车至天台索道站，乘架空索道上下，游览古拜经台、天台正顶、一线天、凤凰古松。

提示

九华山的特产有九华佛茶、地藏黄精、天台石耳、闵园竹笋、香菇、百合、蕨菜等。

佛事活动

每年农历7月30日是地藏法会日，这一天是地藏菩萨金乔觉的诞辰日，又是圆寂日，即成道日，各寺庙都举行隆重的佛事活动。同时，这一天也会举行传统的庙会。

还有一个有趣的现象，进入山门后，竟然有一座道教的灵官殿，供奉着高举铁鞭的道教护法神王灵官。据说佛教护法神韦驮犯了杀生的错误，被地藏菩萨开除了，就另聘请了王灵官前来护法。不管这种说法有无依据，起码可以看出当时佛教道教融合得多么自然。

九华山植被繁茂，飞瀑流泉，气候温和湿润，这里从来都没有炎夏。九华山上的九华街是一个繁华的小镇，各种饮食都能吃到，而且价格公道。当然，你可以到寺院的斋堂吃正宗的斋饭，味道不错。

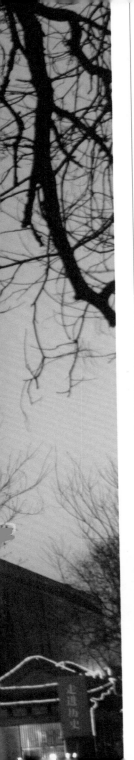

CAPITAL RECALLING
古都忆昔

　　身处几朝古都的人们念念不忘的是曾经的荣耀，即便面对今朝今日的日新月异，似乎还是更愿意守住自己的风味。深厚的底蕴让人们的生活节奏富有灵魂，不起眼的一条街、一座废墟，或是一种吃食，背后或许就是成百上千年的故事。这种独具魅力的古韵，吸引了无数人一次又一次的"朝拜"，他们从这里重溯自己血液的走向，重寻自己文化的脉络，重走先人走过的路……这难道不重要吗？

大气皇城
——北京

撰文、编辑/金春 黄建伟 张乐　图片/Andy CFP 崔建兵 马毅

　　对于北京人来说，身在其中的时候，可以真切感受它的存在，却不能用言语来形容它的内在。直到有一天，越来越多外面的人想了解北京，北京，才在我们的心中重新组合，清晰显现出它的经典。大气，是所有人给北京的定义；古老，是北京延续至今的性格；情调，是今天北京的追求。

历史

北京，是中国金王朝的中都、元王朝的大都、明清王朝的京师，统治中国长达800年。

禅情秘意

境——暮秋，一抹金色的镀边

北京的秋天，有两种自然所赐的景致是最有味道的：一种是红叶，另一种就是银杏。特别是深秋时节的银杏，树上、地上金黄一片，是活生生、金灿灿的秋日童话。

TIPS

银杏最佳赏叶时期为10月底11月初，值得注意的是，每年的气候都不一样，因此提前推后都有可能。

大觉寺——千年古树身披黄金甲

大觉寺是个值得前往的禅韵之地，清代词人纳兰性德曾为它题写《浣溪沙·大觉寺》："燕垒空梁画壁寒，诸天花雨散幽关。篆香清梵有无间。蛱蝶乍从帘影度，樱桃半是鸟衔残，此时相对已忘言。"春日于寺中，于古玉兰下听泉品茗是风雅之举；而秋日来此赏千年古银杏则实乃人生一大幸事。入得寺内，里面是青烟袅袅、古意盎然，而秋意也正浓。无量

寿佛殿前的北面有一株雄性银杏，树干高达30余米。此树是辽代所植，树龄已逾1300年，故被称为银杏树王，其树干之粗，要七八个成人伸臂牵手才能合围。清乾隆帝曾写诗赞誉："古柯不计数人围，叶茂孙枝绿荫肥；世外沧桑阅如幻，开山大定记依稀。"树冠大而茂盛，几乎遮蔽了大半个庭院。每年的10月底，它会呈现满身"黄金甲"的壮观之景，这是千年银杏一年中最绚烂的时刻。此外，寺内还有一处"九子抱母"的独木成林奇观，树龄近千年的银杏树主干周围长出9棵小树，像是9个孩子围抱着母亲，此景也是相当的奇特。

交通：八达岭高速北安河出口，桥下左转向西一直走，到头左转就到了大觉寺，一路有路标。

提示：门票20元/人，11月1日后票价则为10元/人。

钓鱼台国宾馆东墙外——最负盛名的银杏大道

这里是北京最平易也最具地标性的银杏景观大道，近千棵银杏树种植于20世纪50年代末，整齐地排列在钓鱼台国宾馆的东墙外。每年10月中下旬总有大批人专程为取景而来，其中包括拍婚纱照的新人、画家——在享用美景之福的同时也自成一景。特别是一夜秋风过后，金黄的树叶纷纷叶落归根，在地上铺就了一层"银杏地毯"，这时的景观堪称极致。

交通：此处没有停车位，最好乘坐公共交通前往。坐1号线地铁到木樨地下车，或114路、102路、103路、特6、320路等公交车在钓鱼台站下车。

提示：著名的玉渊潭公园就在旁边，看完银杏可顺道去转转。

郭沫若故居——沾惹银杏叶上的诗意

什刹海柳荫街的恭王府鼎鼎大名，"一座恭王府，半部清代史"，这句话更成了恭王府门口排队扎堆儿的三轮车师傅的口头禅。殊不知在它对面的郭沫若故居则是一处赏银杏最佳的幽静之地，仅一墙之隔，马路上的熙来攘往、热闹喧哗，全都听不见了。坐在院内长椅上，只有阳光和鸟声，坐在树下看书，阳光洒下来，宁静而温暖。宅院内有银杉树、松柏、海棠树、银杏树等等，都是郭老夫妇当年亲手种下的。郭沫若一家把这棵银杏树当成自己家庭的一员，至今这株银杏树仍在院中茁壮挺拔地生长着。

交通：乘13路、107路、111路、118路到北海后街下车，路北向西。

提示：郭沫若纪念馆9:00~16:30，周一闭馆，门票20元，学生半价。另外，附近的辅仁大学也是个闹中取幽的去处。

万寿寺——长河畔的安详秋景

车水马龙的西三环边、长河畔，有一座建于明代的古寺万寿寺，曾是皇家专用庙宇。古寺面积并不大，里面分布着不少参天大树，其中最有名的是天王殿前的两株古树，合称"春秋树"，另外就是耸立在碑亭两侧的一雄一雌一对古银杏树，秋天满眼金黄，堪称寺中一景。

交通：乘323路、374路、817路、811路万寿寺站下车，路东。

提示：参观门票20元/人，9:00~16:00开放，每周一休息。

北京大学——银杏树见证青春美好

北大里面的银杏树多是几棵一起散落在校园里，并不成排或是成片。西门两株巨大的古树，倒是成了北大秋景的标志，图书馆北面也有几棵有了年头的银杏树。看北大的银杏，总有不同的感觉，莘莘学子在银杏树下长大成才，年轻的恋人们在金黄的叶子下亲密私语，银杏树注定成为他们记忆中的一部分。青春的美好也映在一片片银杏叶之中。

交通：718路、332路，在北京大学西门站下车。

提示：自驾车不可进校园，附近停车位紧张。

地坛公园——柠檬色的银杏大道

地坛公园的银杏大道远近闻名，从公园北门进入，两排高大的银杏树便让你一览无余。秋意未浓时，这里已有很多游客观赏银杏，摄影爱好者也拿着长枪短炮一取美景。在这里可漫步在银杏大道，也可带着孩子在游乐园玩耍，老人可听公园里的票友唱戏，或是跟着舞蹈队跳上一段。

交通：104路、108路、124路电车地坛站，地铁安定门站下车，自驾车可停在西门旁地坛体育场内。

提示：赏银杏从北门进便可直接到达银杏大道。

三里屯东五街——繁华中的静谧长街

三里屯东五街是北京的使馆区，道路两旁齐刷刷地种着两排银杏树，从街西口到街东口。相比公园景点的人来人往，这里显得严肃了很多，站岗的门卫会目视着你的一举一动。银杏树的美景在这里显得更加美丽。这里真是北京一片少有的净土，除了偶有的出租车外，一个行人也没有。漫步在三里屯东五街，特别像是在某个电影中的ending画面之中。

交通：302路、300路亮马桥站，113路、758路、416路三里屯站下车。

提示：如果不想惹不必要的麻烦，最好不要拿着相机拍太多。因为不通公交，因此

下车后需要步行10分钟到达；三里屯附近坐几站车可以到朝阳公园，走几步可以到著名的三里屯酒吧街和商业区。

国家图书馆——元代古树伴书香

很多人并不了解，位于海淀的国家图书馆在历史上是元代大护国寺，因此在这里也藏身两株有700多年历史的古银杏树，矗立在旧的"国图"主楼西侧，它们被一片草地包围着，像一对从容的老者，春华秋实，淡定面对历史变迁。

交通：可乘坐地铁4号线或105路、106路、323路、717路等公交车国家图书馆站下车。

提示：国图开放时间为周一至周五9:00~21:00，周六至周日 9:00~17:00，法定节假日不闭馆。

古树寻踪——北京10大古银杏树

1.红螺寺唐代银杏

种植于怀柔红螺寺内大雄宝殿前，已有一千多年树龄。这两棵银杏十分奇特，雌株结果不开花，雄株开花不结果。清代寺内僧人有诗云："红螺寺院两银杏，雌雄异株分东西。西雄开花不结果，东雌无花果实丰。"

2.龙泉寺古银杏

应植于明代，位于京西凤凰岭下龙泉寺内，树龄约四五百年（一说植于辽代，树龄已有千年）。

3.李自成拴马树

位于海淀区万寿寺路地质力学所门前，约为元末明初所植，已有600多岁。相传李自成攻入北京前夕，曾在树下拴马

露营。

4.北京第一古银杏树

现在密云县巨各庄镇塘子小学（唐代香岩寺遗址）内，植于唐代，距今已1300多年，为北京地区古银杏之最。

5.香山饭店里的古银杏树

香山饭店原为清代皇帝行宫。贝聿铭设计为现代旅游饭店，为世界著名设计范例，其最突出特点是建筑与环境的完美结合。这两棵数百年的古银杏树即被贝聿铭先生作为主要依托，设计在了水光山色一体、古树奇石林立的饭店主庭院中。

6.潭柘寺"配王树"

银杏树在寺庙里一般都是雄雌成对种植，它是为了给"帝王树"配对后来补种的，故而称为"配王树"，距今有600

余年树龄。可惜种错了，两棵都是雄树，因此都不能结果。

7.潭柘寺"帝王树"

植于辽代，已有千年树龄，相传清代时每一代新皇帝登基继位此树根部都会长出一枝新干，以后逐渐与老干合为一体，因此被来寺中游玩的乾隆皇帝御封为"帝王树"。

8.双清别墅内古银杏

此树相传植于金代，树龄约800年。它曾见证了毛泽东同志指挥"渡江战役"、建立新中国的历史进程。

9.西峰寺"白果王"

位于门头沟区永定镇岢箩坨村西峰寺内，植于宋代，距今已一千多年，是北京地区结果实最多的古银杏，人称"白果王"。

10.兴善寺遗址古银杏树

位于海淀区苏家坨镇西埠头村，应植于明代，树龄约500年。

味——拣食茶香

老 舍
茶

馆——京味儿汇集地

在老舍茶馆中，城南旧事的真实场景和浓浓的京味情调给客人展现了一个真实的老北京。神态各异、栩栩如生的五行八作、摔跤、中幡、京韵大鼓等泥塑大师的巨作将老北京点滴的市井生活活灵活现地拉到了宾客面前。眼里欣赏着民间剪纸、皮影、鬓人、京剧人物等装饰宣南文化的艺术精品，耳畔回响着胡同里走街串巷、买卖的吆喝声。

除了品一盏香茗，还有一道道与茶有关的养生茶膳。冻顶鲈鱼就是招牌，经秘制技法制作，细焙慢炖间，将鲈鱼的鲜美发挥得淋漓尽致，鱼肉里还有高山茶飘散出的清香，烘托着鱼肉更嫩滑爽口。这道菜主要考究师傅的刀工和蒸制火候，如何提鲜是最关键的。

如果带老人来这儿尝新鲜，可以点一份七子献寿助助兴。里面有瓜子的咸香，榛子、松子的油香，莲子、南瓜子、栗子、枸杞子的甜香，上菜呈在茶海上，旁边摆上"七子献寿"造型茶，寓意甚好。茶中以绿茶为底，点缀千日红与茉莉花，去油养颜。此外，店里的"龙井凤尾虾"、"杭白菊炖雪梨"、"滇红炖雄鸡"、"茉莉脆皮鸭"也都卖相精致、味道特别，没那么多油腻，喜欢清淡的来这

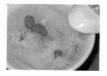

儿最合适。

推荐茶膳：茉莉脆皮鸭、七子献寿、冻顶鲈鱼、龙井凤尾虾、杭白菊炖雪梨、滇红炖雄鸡。

TIPS：每天12:00、13:00、18:50、20:20都有皮影戏表演。

地址：前门西大街正阳市场3号楼(近国家供电局)

人均消费：100~200元

更多茶膳

● 吴裕泰内府菜——寻找茶中宁静

"吴裕泰"是老字号，因为创始人吴锡卿先生为茶界富商，所以茶菜必然是

这里的重头戏。店里的几大招牌全都和茶有关。从选材到调汁，层层精选，口感清爽，回味无穷。

推荐茶膳："苦尽甘芳来"、"碧螺春鲜虾仁"、"红茶糕"、"内府奉散丹"、"黄山毛峰三宝蔬"

地址：东城区东直门内大街144号(近东直门南小街)

人均消费：100~200元

● 大益膳房——"膳"以茶香

"大益"的主营项目是茶叶，膳房也是据此建立起来的。这里更适合称为一处茶文化中心，隽永浑然的仿古构造，清静优雅的禅意空间，从一进门开始就心生宁静。除了品茗，还能吃到不少养生菜

肴。门口及屋内都是小桥流水，亭台矗在一旁，专门的茶室和品茶师会从焚香开始带来一段行云流水的精彩茶艺表演，有兴趣在亭中吃饭的可得提前预订。

推荐茶膳："经典66茶皇鸽"、"老茶汤明虾丸"、"茶香蜂巢糕"

地址：海淀区中关村北大街123号(清华大学西门对面)

人均消费：300元

藏——京韵带回家

兔儿爷

传说当年北京发生瘟疫，月宫的玉兔下凡，穿着盔甲的神像挨家挨户治病，为了赶时间，她还换乘了好多坐骑，比如麒麟、老虎、大象等。为了感谢玉兔，老北京人就在每年中秋以兔儿爷来祭祀。这兔儿爷还有好多讲究，不同坐骑的兔儿爷代表不同的含义，骑虎的保佑事业，骑大象的寓意祥和，骑葫芦的代表福禄，无论是送小孩儿还是送老人都非常合适。

哪里可以找到：东城区国子监38号盛唐轩，这里除了各式各样的兔儿爷之外，还有毛猴等老北京玩意儿。

布鞋

来北京买布鞋当然得买"内联陞"的千层底儿，这家以制作宫廷朝靴起家的老字号延续了师傅口传心授教徒弟的老模式，每双鞋都得经过大大小上百道工序，穿上这样一针一线纳出来的布鞋自然是"步履轻盈"。这样一双既舒适又有纪念价值的鞋，是给家里长辈的最好的礼物。

哪里可以找到：大栅栏街34号内联陞老店，如今的内联陞不仅有最传统的千层底儿布鞋，还有同样手工精致的拖鞋和皮鞋。

旗袍

独具风韵的曲线剪裁加上丝绸特有的美感，造就了旗袍这种风靡全球的东方服饰，旗袍同时也是最能彰显京城贵气与优雅的贴心好礼。京城的旗袍首推"瑞蚨祥"，"头顶马聚源、身穿瑞蚨祥、脚踩内联陞"是北京城流传多年的一首歌谣，足以见得瑞蚨祥在北京人心中的地位。"瑞蚨祥"的旗袍价格从百元到上千元不等，依不同材质和工艺而定。您还可以定做一件只属于您的旗袍，只需一周时间便

可初步完成。

哪里能找到：大栅栏街5号瑞蚨祥老店，在挑选旗袍的同时还能感受一下老北京的风土人情。

游——北京的前世今生

在北京能够称之为胡同的有上千条，纵横交错，遍布城区。

它们经历了元、明、清，书写着北京千年的历史。它们曾是王公贵族、历史名人的宅第，它们曾是名店名吃的发源地，它们拥有动人的传说，带着老北京的特色文化闻名于世。

从古朴中迸发出时尚，在精湛的文化中蕴藏着高贵的美，北京的胡同，历久而弥新，有说不出的韵味，道不尽的风情……

串串胡同，品品京味。来自海内外的游客们不妨在北京上演一出"胡同游记"，到胡同聚集的特色街区里感受北京的风韵吧。

烟袋斜街

京韵：最古老的商业街

年岁：600岁

前世：烟袋斜街本身就像一只烟袋，300米长的街道像是烟袋杆，东口像是烟袋嘴，西口向南通往银锭桥，看上去像是烟袋锅，故此得名。

今生：从古至今，烟袋斜街就是老北京最繁华的商业区之一。街里的小店铺挨家挨户，从北京特色到中国特色都聚集了起来。

觅踪：北京市西城区地安门以北。

点睛：广华寺、银锭桥

南锣鼓巷

京韵：昔日达官贵人密聚地

年岁：258岁

前世：南锣鼓巷南北走向，长约800米，东西各有8条胡同整齐排列着。南锣鼓巷曾叫罗锅巷，乾隆十五年（1750年）绘制的《全城全图》改称为南锣鼓巷。胡同格局完整，各种形状的府邸、宅院多姿多彩，真可谓是北京古都风貌中一块保存完整的"碧玉"。

今生：南锣鼓巷有着最纯朴的北京风味，古旧四合院、拱门砖雕、名人故居都真实地在这里存在；现在的南锣鼓巷西化的不少，从老伍酒吧到Grifted都带有着浓浓的西方情意。

觅踪：平安大街与地安门外大街交口向东500米左右路北。

点睛：帽儿胡同、东棉花胡同、雨儿胡同

国子监街

京韵：充满禅意的宗教圣地

年岁：700多岁

前世：国子监街（原名成贤街）坐落在北京东城区安定门内，现在的15号门牌就是著名的"国子监"。国子监与孔庙、雍和宫相邻。国子监街两侧槐荫夹道，大街东西两端和国子监大门两侧牌楼彩绘，是北京仅存的建有四座牌坊的古建街，这一条街上四座牌楼，值得一观。

今生：国子监是继南锣鼓巷之后又

一小资聚居地。这里的文化气息更是大于商业。街东靠近雍和宫，佛香环绕、佛音袅袅，一家家店铺从店名到布置雅得不得了。街西零星几家咖啡店或者水吧，素雅的装扮也是极符合这里的氛围，还有一座"火神庙"更是不经意地把老北京的感觉弥漫开来。

觅踪：北二环雍和宫桥向南400米左右路西。

点睛：国子监

前海北沿

京韵：在北京情画中"饮酒作乐"

年岁：800多岁

前世：说"前海北沿"，不能不提"什刹海"。它从元代开始就是北京城里最重要的水系，300年前这里曾经是京杭大运河北京的终点站。什刹海由西海、后海、前海组成，为一自西北斜向东南的狭长水面，被誉为"北方的水乡"，因为挨着皇城，这里曾经是各种王府官家的府邸所在地。

今生：有着真实而厚重的历史底蕴与现代时尚文化的碰撞，在什刹海区域很多老北京都很难判断何处是前海北沿，其实，它也是后海酒吧街的一部分，著名的荷花市场北门就处在前海北沿。这条胡同依湖而成，这一段路上，一边是什刹海特色的杨树，另一边则是高矮层叠的古朴民居，搭配上远处的湖心岛，实在是一幅恬适素美的图画。现今此地遍布错落有致的店铺和酒吧，从这里一直延伸到后海之滨。

觅踪：北海公园北门对面荷花市场北门。

点睛：会贤堂旧址

钟楼湾

京韵：钟鼓楼间的天然集市

年岁：600余岁

前世：在元大都城兴建之时，此处被确定位于皇城之北的中心地带。明朝永乐皇帝迁都北京后在修建宫殿时，同时在此地修建了钟楼和鼓楼并确立其居于都城南北中轴线北端的地位。

今生："钟楼湾"体现了老北京的风貌与韵味。从20世纪八九十年代开始，钟楼和鼓楼中间就是个集市，小商小贩看行情爱热闹的都聚集到了这里。集市里卖的无非是老北京的东西，小吃、玩意儿、日常家用，来买来逛的无非也是些北京人，早上喝豆汁连带买菜，中午吃爆肚顺便逛街。再后来的时候，两边开始了小店的生涯，这小店却发展成了中国特色，老北京、黄河流域、蒙古草原、西藏高原……统统到这里发挥它们自己的光彩。

觅踪：北京市西城区鼓楼与钟楼之间。

点睛：钟鼓楼，苏鲁锭

隆福寺

京韵：食遍京城名吃

年岁：550岁

前世：隆福寺坐落在东四北大街西，始建于明代宗景泰三年（1425年），清雍正九年（1731年）重修。因位于东城，与护国寺相对，俗称"东庙"。从明朝中叶开始，隆福寺庙会一直是京城著名的"烧钱"场所。清末时每逢庙会人流如潮，附近王府居住的贵族、东交民巷使馆区的外国人、贫苦市民和近郊农民都来赶庙会。"辛亥革命"后，四城居民的商品交换活动更加频繁，这里的庙会可称为北京第一大庙会。在这里可以买到各式各样的土特产品，可以吃到多种北京地方风味小吃，可以看到北京的民间戏曲。《北京竹枝词》中说，当年庙会全盛时期"一日能消百万钱"。

今生：现在的隆福寺街分为东西两部分，东街基本上以服装小店为主，而西街则是小吃与服装并存。百年老店"清真白魁老号"，老字号"馄饨侯"，老店"丰年灌肠"距离就是这么的近。记得不要在一个地方吃饱，要留着肚子把这三家一家挨一家地吃个遍才好。北京小吃的特点之一就是每种小吃都要有不同的配料，喝豆汁必须配辣咸菜丝；吃炸灌肠必须要配蒜汁；吃爆肚要配芝麻酱和辣椒油……其实，吃道地的北京小吃是对老北京文化的一种怀念。在这里，怀念老北京文化的同时也感受着潮流文化的冲击……

觅踪：五四大街与美术馆东街交口向北100米路东

点睛：隆福寺小吃

羊肉胡同

京韵：四合院里淘珠宝

年岁：600余岁

前世：在元朝时期这里经营牲畜买卖，供皇帝贵族们享用。明朝后，因为附近是回民聚集区，就在这条胡同里开了许多羊肉铺，物美价廉、远近闻名，因而得名为羊肉胡同。

今生：几百年过去了，谁也没有想到，一条历史中因卖羊肉得名的胡同却在20世纪90年代与珠宝结缘，并成为北京名副其实的珠宝街。物美价廉是羊肉胡同珠宝的特色，因为来的都是业内人士，店主们也懒得要谎价。据说，这里的珠宝价格比大商场一般要便宜一半多，而且很可能大商场里卖的珠宝就是出自这里的师傅之手。在这里，经常会遇见戴着老花镜、拿着放大镜的老人，因为这里藏着他们所追求的宝贝。如果只是为了要来开开眼，或者买个结婚钻戒，最好来之前补补珠宝鉴别课，或者紧跟寻宝人士左右，或

许你也能寻到自己喜欢的宝物，否则根本无法和店员对话。

觅踪：西四十字路口向南100米路西

点睛：钻梦缘，华云弘

西草市街

京韵：说书唱戏，听不完的曲艺

年岁：100余岁

前世：清朝末年，珠市口一带聚集了大量戏班子，戏服街也慢慢形成。最开始只经营京剧、徽剧等戏剧服装行头，后来越来越多的道具店、民族服饰店也加入其中，成为北京市唯一 一条经营戏服的特色街。

今生：位于珠市口十字路口东南方向的西草市街以戏服店出名。因为历史的前因后果而成就了这里的知名，虽然这里因市政搬迁而不再是原先印象里的热闹非凡，"久春"、"盔头刘"等知名老店都搬到了天桥，但是北京剧装厂和一些戏服店铺还在这里，初来此处的人们还可以依稀感觉到一些咿呀婉转的戏剧之气，而老客人则从这里回忆出以前的喧闹盛况。

觅踪：前门大街与珠市口大街交口向南30米，向东40米路南

点睛：北京艺苑剧，北京三友剧装商店

长安忆长安
——西安

　　这个充满陶埙悠远曲调的城市，闪耀"唐三彩"和琉璃光华的城市，孕育了摇滚大腕的城市，小吃"香得发抖"的城市，一直都深刻、厚重、博大。古老长安和摩登西安，从来就没有缝隙。

　　所以，不必追忆，西安胜景犹似长安。

历史

西安，在《史记》中被誉为"金城千里，天府之国"，由周文王营建，建成于公元前12世纪，先后有21个王朝和政权建都于此，是13朝古都，中国历史上的四个最鼎盛的朝代周、秦、汉、唐均建都西安。

秦始皇兵马俑 世界第8大奇迹

世界第一城市NO.1 西安高陵杨官寨遗址推进中国城市历史到了6000年前的新石器时代晚期，同时确定了西安是世界历史上第一座城市。

明代西安城

是中国古代城垣中保存最完整、规模最大的古城，也是世界上保存最为完整的、规模最大的古城。它不论是从军事或从审美的角度上讲，都具备了中国历代城墙最完美的形式，成为当时最完整的军事城防系统。

禅情秘意

境——穿越西安 古今一朝

如果中国只有两个"帝都"，一个是北京，另一个只有西安。都说开封地下九座城，西安则有"一半地上、一半地下"的姿态，比如"大明宫遗址公园"，就用现代建造技术在遗址表面"敷了一层膜"，在景帝陵墓汉阳陵，你可以踩着玻璃直接走在小巧的汉俑之上，古今只在一尺之间。

前朝明月不夜天

西安街头 "整饬一旧"，包括银行、超市、政府机关，乃至百盛大MALL

都被打造成唐式建筑，坐在出租车上巡游，很有"一日看尽长安花"的幻觉。据说整个西安城都在朝着盛唐长安迈进，城南的曲江新城已有了端倪，大唐芙蓉园、曲江池遗址公园、唐城墙遗址、秦二世遗址公园……视野里唐风劲吹，就连大唐不夜城里的酒吧街，也都清一色的复古模样，在里面听人吼许巍的歌，真是恍若隔世。

12公里长的西安城墙早已合拢，在西安高高的城墙上踩着单车俯瞰千年故城，一圈环绕下来，倒是一场有关西安的古今之旅——掠过人潮涌动的火车站，高架桥在脚下盘旋；贴着城墙的顺城巷悠长悠长，老爷爷在露天里泼墨挥毫；城墙外的带状公园里，传来高亢的秦腔。

隋代初建的宝庆寺"华塔"虽没有大小"雁塔"的豪迈，夹杂在现代楼宇的缝隙中，倒是惹人怜爱。顺塔东行，古董、文艺摊铺开阵势。西安的文气重，最多见的竟是别处古玩市场稀罕的毛笔和文房，又因碑林就在附近，各家拓印的书帖在黑重的气氛中渲染着西安的底气。

曲江的夜 长安的魂儿

西安最好的夜色绝对在曲江。曲江是"上巳节"的发源地，人们大概已经不记得"上巳节"上男男女女临水共浴濯洗、行酒流饮的习俗了，但在唐朝的曲江和曲江池畔，这里可是上至达官、下至百姓的早春游园之处，也算开了平民旅游的先河。因为怀春的男女在池畔暗送秋波互诉衷肠，"上巳节"又可以成为"七夕"之外中式情人节的另一个源头。

如今的"曲江池遗址公园"经过改造之后重新水光潋滟，你可以花80元坐上氮气热气球，和昔日帝王一样俯瞰优仙美地的长安。但你若要寻找爱情，最好继续东行，在曲江池东畔的寒窑遗址怀想一下王宝钏和薛平贵。

曲江可以赏玩的去处实在太多，但若只选一处，恐怕大唐芙蓉园、曲江池都得靠边站，因为大雁塔就在那里。抵达大雁塔的方式最好是徒步，而且最好从南边的开元广场开始，顺着大唐不夜城的中轴线一路北行，期间每分每秒都有大型雕塑相陪，曲江美术馆、西安音乐厅、西曲江电影城也都换上了唐代宫闱的浓妆。

入夜时分的大雁塔削去浮躁，点亮橙光。每逢入夜后的20:30，大雁塔会和周遭的游客及市民一起，在号称亚洲最大的音乐喷泉中享受夜生活，当光柱和水柱编织在一起，古代长安和摩登西安也就没有了缝隙。相比音乐喷泉的华丽，如果躲到"大慈恩寺遗址公园"里打望大雁塔，又是另一种静谧的思量。或者干脆去广场一旁一家名为"大唐博相府"的精品酒店，相传此处原为大唐时宰相迎接帝王下榻之处，如今改造成三进院落组成的唐式围合建筑。你需要做的，是在庭院回廊里点一杯清茶。大雁塔呢，它早已悄悄"红杏入墙"，倚靠在你视线不远处温柔相向。

特色住处

兵马俑酒店

交通：兵马俑公寓位于莲湖区西华门八家巷宏城国际公寓B座。

价格：一室一厅每晚450元，两室一厅每晚600元，含早餐。

大唐博相府酒店

地址：曲江大雁塔芙蓉东路6-1号

价格：景观大床房750元/晚，休闲房898元/晚，复式的相府套房1280元/晚。休闲房的露台直接和庭院连通，可以坐在房间里对望大雁塔。

味——美食比想象的多

只有来过西安的人才会明白：在这个城市里，"吃"不仅是一种生存的本能与需要，更升华为一种文化、一种艺术。吃在西安，不需要奢华，不需要昂贵，更不需要珍奇，你同样可以品尝美食至尊，感受中华五千年的文明。

西羊市街——早点热气飘香

在"回民街"附近的化觉巷藏着一座清真大寺，是我国建筑最早、规模最大的清真寺之一。每天清晨，信徒们都要来做礼拜。为了方便去清真寺做礼拜，回民有围寺而居的传统。所以，在西羊市街吃早餐的一般都是当地人。大家围坐在一起喝肉丸胡辣汤，吃着一种叫甑（zèng）糕的小吃。甑糕由糯米制成，里面嵌有甜香的枣泥，刚出锅热热的来上一块，真能让你高兴一整天。胡辣汤里的羊肉丸颇为筋道，汤里有土豆丁、白菜条、萝卜块等，再撒上些胡椒及香油，把馍掰碎了泡在汤里，真是又香又辣大呼过瘾。

定家小酥肉——名店风范 卖完上板

回民街南端向西是一条不大的小巷，这条叫大皮院的小巷隐藏着当地几家颇具特色的正宗小吃，其中一家是"定家小酥肉"，另一家是"盛家酿皮"。这两家挨在一起，门脸很不起眼。最能显示名店风范的就是营业时间，一家营业到晚上七八点，另一家更狠，下午三点就关门上板。

传说中的小酥肉可是不容易吃到的，餐厅里摆放着20世纪80年代的木质旧桌椅，一律使用掉了瓷儿的搪瓷盆。客人刚一落座，服务员不等问就直接端上小酥肉和米饭。原来，客人不论熟客或是慕名而来，都是专奔这一口儿。褐色的小酥肉外裹着一层粉，用笼屉在火上蒸透，夹一块放到嘴里，原汁原味的鲜香，蘸上点辣油，浇上肉汁拌米饭吃尤其香。小小一碗肉绵软入味，再用可口的汤汁泡饭，或者配上泡菜和酸梅汤可以解腻。

地址：碑林区大皮院西口223号

羊肉泡馍——秦烹唯羊羹

羊肉泡馍古称"羊羹"，苏轼有"陇馔有熊腊，秦烹唯羊羹"的诗句，相传是宋太祖赵匡胤没落时的吃食。羊肉泡馍烹制精细，料重味醇，肉烂汤浓，肥而不腻，营养丰富，香气四溢，诱人食欲，食后回味无穷。因暖胃耐饥，素为关中地区各族人民所喜爱，外宾来陕也争先品尝，牛羊肉泡馍已成为陕西名食的"总代表"。在回坊吃羊肉泡馍讲究掰得小，以黄豆大小为宜，这样才能入味。送馍时要交代好汤的多少、味道的咸淡，这样才能根据自己口味做出最好吃的泡馍。

老孙家地址：碑林区回民街
同盛祥地址：碑林区西大街5号

肉夹馍——周代八珍

西安名小吃肉夹馍历史悠久，可追

溯到"战国"时期。光听名字就妙趣横生，外地人首次听，都觉得这是个病句，肉怎么能夹馍？其实这是古汉语中的倒装句，肉夹于馍。而老百姓无需文绉绉的之乎者也，就省去了"于"。另外还有一种有趣的说法，说开始人们叫"馍夹肉"，西安方言听起来像"没夹肉"，就叫成了"肉夹馍"，听起来也顺耳多了。地道的肉夹馍，将腊汁肉、白吉馍合为一体，互为烘托，将各自滋味发挥到极致。馍香肉酥，回味无穷。咬上那么一口，只觉得滋味鲜长，真叫人大快朵颐。

张记肉夹馍

无疑是西安肉夹馍的代表餐厅，馍个头大，烤得焦脆，肉糜而不烂、香而不腻，拿起来咬一口，油顺着手往下流，和粉丝汤是绝配。

地址：雁塔区子午路(近小寨西路)

美食去处

一真楼

除了传统的"水围城"、"干泡儿"、"口汤"三种吃法之外，还有一种"小炒"的吃法。你还可以和本地一样"单走"，不把馍泡在汤里，拿在手里就着羊肉汤吃。

地址：大皮院18号

兴善寺素斋馆

麻食、面片、素包子美味又价廉，看到过一位僧人吃过饭道声阿弥陀佛不用埋单就离开了，可见是真正的佛门斋馆。

地址：雁塔区兴善寺院内

盛家酿皮

全名"盛志望麻酱酿皮铺"，每天食客排队，到中午就卖光关门。酿皮筋道，麻酱是本家自制，香而不腻。配上酸梅汤更棒。

地址：大皮院西口

"吃在西安"美食APP

价格：免费

"吃在西安"利用微博关系开始美食生活的同时建立美食圈，寻找自己的吃友，不但可以收集周边的美食信息，还可以获得积分，同时还可以查询其他吃友经常光顾的地道西安美味。

韵——秦腔吼出性格来

陕西八大怪里有一怪，"油泼辣子是道菜"。既然辣到了心坎上，接下来势必要吼出来才算快慰。一个"吼"字，吼出了西安人的率性和倔强，也吼出了八百里秦川的声声秦腔。秦腔诞生于西北的烽烟之上，和昆曲、越剧的咿咿呀呀显然不可同日而语。

秦腔主题的电视节目《秦之声》从1979年到现在办了32年，绝对是国内戏曲节目里的老寿星。今天，西安兴庆宫、莲湖、长乐等公园里头还时常有露天秦腔社团自娱自乐的演出，一旁虽也有提笼架鸟的风雅看客，但真正有西安风情的莫过于呷着西凤酒嚼着白馍的老戏迷。1924年夏，鲁迅先生在西安待过一个月，白天逛碑林，晚上听秦腔，临走时给"易俗社"捐了50元工资，顺便题下"古调独弹"四字。这易俗社，便是如今西安秦腔的头牌剧院。

田汉曾将西安易俗社与"莫斯科大剧院"、"英国皇家剧院"并称为"世界三大古老剧场"。这座鼓楼旁低调的秦腔戏园子迎来了百年华诞，经过重新改造之后，纯木结构建筑的易俗社重新开门迎客，原有的圆木柱在经过防虫蛀处理后仍然得以保留，二楼包间的顶部架着玻璃幕墙的天顶，抬眼之间看到的仍然是戏园子

未经修饰的百年沧桑。很少有人知道，在"西安事变"中，这里曾经是杨虎城和张学良运筹帷幄逼蒋抗日大计的指挥所，当时西北军的两位将领借着陪同南京要员观赏秦腔《柜中缘》的机会，以秦腔稳住一干人等，最终一声"吼"，"吼"出了"西安事变"。

易俗社绝对是西北地区的"戏曲祠堂"，梅兰芳、梅葆玖等名角都曾在此登台亮相。剧院所在的西一路，就在毗邻钟楼广场东北的第一条巷子里，每晚上演《三滴血》、《下河东》、《庵堂认母》、《辕门斩子》等秦腔名段。不过时代在变，秦腔的骨子里虽保留着两千多年前的大秦遗音，年轻群体的流失却是不争的事实，因此，易俗社想到了给秦腔"易俗"。在新编的时尚版《铡美案》中，秦香莲从哀怨女子被塑造成性格张扬的女子，戏服上绣上了LV，包拯学会了百度，眉目之间有了《武林外传》的味道。

赏音去处

易俗社

可以听到侯红琴、惠敏莉等秦腔名角的表演，贵宾区票价380元。易俗大剧院内还上演4D秦腔交响诗——梦回长安。

地址：西安西一路282号 ....

故园一生不变
——南京

　　即使是从小生长在南京二十多年的人，也从来没有领悟到南京真正的蕴意，虽然老辈人都说南京是十朝古都、紫气之城，但是对于普通人而言，除了人们平凡琐碎的市井平常，还有一股与生俱来的幽怨情怀。这种感觉，令人总会忍不住去夜晚的秦淮河边坐坐，静赏月色。

旧时风景今时在

其实单就景致而言，南京是不可多得的得天独厚。正如孙中山先生在《建国方略》中所说的，南京"有高山、有深水、有平原"，三种天工"钟毓一体"。对于一个外乡人来说，南京绝不失为一个理想的旅游城市，无论是赏景还是怀古。

南京有山有水，有城有林，山、水、城、林相映成趣，春游"牛首烟岚"，夏赏"钟阜晴云"，秋登"栖霞胜境"，冬观"石城霁雪"，四时晴雨皆宜；南京十朝烟云，满城的古迹文物，有历史，有文化，有古有今，如此完美的结合，在国内是绝无仅有的了。

乌衣巷的夕阳、夫子庙的喧闹、玄武湖的烟柳、明孝陵的寂寥……每一处都是风光无限，意境深长。就连它的热，对于旅游者来说，也是一种另类的体验。只是现在已经没有雨花石可捡，那圆圆润润、五彩斑斓、晶莹剔透的小石头，曾让多少文人墨客为之倾倒。掏钱买，总会要少了几分惊喜。

慧明/文并摄

推荐去处

放逐在中山陵

从来都没有一个明确的目的，也没有一个明确的去处，就只是怀念那份宁静，怀念那份解脱。出了中山门，一走上被高大的梧桐树紧紧包围的明陵路，便仿佛进入了一个世外桃源，都市的喧嚣、闷热的空气立刻就都烟消云散。你可以从中山陵的第一级台阶一口气跑上去，坐在最上面一级台阶上，什么都不做，就是远远地望着紫金山的松涛云海发呆；还可以在路边的落叶中随便找块地方，躺上几个小时，什么都不听，只是看看树的枝枝丫丫和透过枝丫的点点蓝天；或者爬到灵谷塔顶上，什么都不看，就为了大吼几声，或者撒一把碎纸片，任它们在山风中漂浮翻飞，一直飞出几公里以外；再或踟蹰在明孝陵的石象路，什么都不想，就是摸摸冰冷的獬豸、麒麟和武将、文臣；或者走走紫霞湖畔、音乐台，甚至荒山小径……

私家园林走一走

江南私家园林主要集中在长江和大运河沿岸的一些城市，如南京、苏州、无锡等地。南京是明代的陪都，养有大批闲官，王府又多，而且城周有山有水，园林亦盛极一时，仅《游金陵诸园记》所载就有36处之多。其中，中山王徐达后人的私园达10余处。许多私家园林的建造借助文人和画家，由于这些人的参与，在建造园林时，他们将自己独特的理念融入园林景观的建造中。"外师造化，内发心源"被造园者巧妙地运用到造园艺术中，再加上造园者自身感情的倾注，并崇尚自然，追求虚静，逃避现实和向往原始自然状态的生活，努力营造出一种"清净无为"、"息心去欲"的境界。

推荐住

栖居民国遗风

如果你是一位资深"驴友"，你一定听说过坐落在南师大与上海路中间巷内的一栋民国别墅改造成的南京国际青年旅舍。

旅舍的地理位置很好，周围的交通也极为方便，吸引了众多国外"驴友"前来入住。也许正因为是民国时代遗留下来的建筑，它所蕴含的历史遗韵和独特的情调，是其他青年旅社所无法媲美的。游玩一天之后，回到旅舍透明的玻璃房，坐在舒适的布艺沙发上，上网查看明日的游玩攻略，顺便挑逗那只惹人疼爱的叫做巴图的狗，等一切安排妥当之后，叫上旅游的同伴去上海路附近的酒吧小酌几杯，旅行难道不就是这样的吗？

国际青年旅舍

地址：鼓楼区北东瓜市合群新村7号

电话：025-83300517

味——读着历史吃小吃

如意回卤干

南京历史悠久，南京人也愿意把各种小吃和历史沾上边。就拿这普普通通的"如意回卤干"来说，还和明太祖朱元璋扯上了联系。传说朱元璋在金陵登基后，吃腻了宫中的山珍海味，一日微服出宫，在街头看到一家小吃店炸油豆腐果，香味四溢，色泽金黄，不禁食欲大增。他取出一锭银子要店主将豆腐果加工一碗给他享用。店主见他是个有钱的绅士，立即将豆腐果放入鸡汤汤锅，配以少量的黄豆芽与调料同煮，煮至豆腐果软绵入味送上，朱元璋吃后连连称赞。从此油豆腐风靡一时，流传至今。因南京人在烧制中时常加入豆芽，而其形很像古代玉器中的玉如意，故被称为如意回卤干。

小笼包

在漫游金陵城时，悠久的美食文化也不可错过。来南京绝对不可不吃"小笼包"，吃小笼包讲究汤汁，做的时候要把高汤凝成透明的固体胶质，切碎了拌在里面，热气一蒸，就全化成了汤水。好的小笼包皮薄如纸，提来提去还不带破的。小心翼翼地提出来，放在醋碗里，对准上面一吸，鲜美的汤汁就进了肚了。不过不能着急，不然会烫着，然后再慢慢享用里面的内容。所以南京人吃小笼包又有歌谣，"轻轻移，慢慢提，先开窗，后喝汤"。

鸭血粉丝

"鸭血粉丝"在南京的知名度犹如羊肉泡馍在西安的知名度，在国内，都是城市食标。卖鸭血汤的摊子星罗棋布，精明的摊主预先将鸭血煮熟，切成小块放在锅中，见有游客来，便捞出鸭血装在白瓷碗里，然后浇上一勺滚烫的鲜汤，滴上数滴香油，撒上一撮虾米或鸭肠衣等，再加上一撮香菜。爱吃辣的客人，还可以再加上些辣椒油或胡椒，又香又辣、非常可口。

赏——赏灯赏花 景色独好

秦淮灯会 春归不夜天

"秦淮灯彩甲天下"起始于魏晋南北朝的"秦淮灯会"，历朝历代声名卓著，"明灯初试九微悬，瑶馆春归不夜天"，灯火之盛自古天下仅有。秦淮灯会主要集中在夫子庙区域，乘灯船可遍览秦淮河两岸灯景，此外，剪纸、空竹、雕刻、皮影和绳结等南京的民间艺术也值得一观。"夫子庙灯会"的交通压力也是春节期间交管部门如临大敌的问题，所以灯会的展出时间每年都会适时延长，并不仅仅是元宵节才看得到，每年的安排都不相同，可事先确认后再安排前往。

梅山花节 天下第一山

尽管国内有数个梅花节，可论种植的历史、规模、品种和数量，南京的梅花山均可称魁首，"天下第一梅山"确非虚名。从明朝开始宫廷即在梅花山一带专设梅园，便是赏梅的胜地。到如今，梅花山的梅树数以万计，且不乏精品。每年从春节开始，梅树次第傲放，二月下旬到三月上旬均是前往的好时候。

栖霞红叶 金陵好颜色

说到红叶，名气之大莫过北京香山，而栖霞山的红叶，也是一样地美不胜收。秋天到栖霞山赏枫，成了南京人每年出游一个不可不去的所在。栖霞山有"龙虎凤"三峰，主峰"凤翔峰"，东峰"龙山"，西峰"虎山"。凤翔峰上的"栖霞寺"和市区的"鸡鸣寺"并为南京信徒络绎不绝之处。而栖霞山西侧的枫岭在深秋更是游人如织，尽染层林、掩映成火的景况相当吸引人。而由于枫树品种的关系，在春天也能看到部分春枫红叶，虽比起秋天颇有不如，倒也有几分意趣。

瞬间·南京

我们消受得秦淮河上的灯影，当圆月犹皎的仲夏之夜。

小的灯舫初次在河中荡漾；于我，情景是颇朦胧，滋味是怪羞涩的。我要错认它作七里的山塘；可是，河房里明窗洞启，映着玲珑入画的曲栏杆，顿然省得身在何处了。又已是夕阳西下，河上妆成一抹胭脂的薄媚。是被青溪的姊妹们所熏染的吗？还是匀得她们脸上的残脂呢？寂寂的河水，随双桨打它，终是没言语。密匝匝的绮恨逐老去的年华，已都如蜜饯似的融在流波的心窝里，连呜咽也将嫌它多事，更哪里论到哀嘶。心头，宛转的凄怀；口内，徘徊的低唱，留在夜夜的秦淮河上。

犹未下弦，一丸鹅蛋似的月，被纤柔的云丝们簇拥上了一碧的遥天。冉冉地行来，冷冷地照着秦淮。我们已打桨徐归了。归途的感念，这一个黄昏里，心和境的交萦互染，其繁密殊超我们的言说。主心主物的哲思，依我外行人看，实在把事情说得太嫌简单，太嫌容易，太嫌分明了。实有的只是浑然之感。就论这一次秦淮夜泛罢，从来处来，从去处去，分析其间的成因自然亦是可能；不过求得圆满足尽的解析，使片段的因子们合拢来代替刹那间所体验的实有，这个我觉得有点不可能，至少于现在的我们是如此的。凡上所叙，请读者们只看作我归来后，回忆中所偶然留下的千百分之一二，微薄的残影。若所谓"当时之感"，我决不敢望诸君能在此中窥得。即我自己虽正在这儿执笔构思，实在也无从重新体验出那时的情景。说老实话，我所有的只是忆，我告诸君的只是忆中的秦淮夜泛。至于说到那"当时之感"，这应当去请教当时的我。而他久飞升了，无所存在。

摘自朱自清：《桨声灯影里的秦淮河》

自古帝王州

——洛阳

　　洛阳地区，是中华文明的重要发源地。而为了吸收中原汉族文化，北魏鲜卑族首领孝文帝下令迁都洛阳，笃信佛教的他在迁都的同时，也把佛教的中心从大同迁到洛阳来。在此之后，洛阳迎来了全盛的时代，那些规模宏大，造型精美的佛寺院落纷纷遍地开花。一个伟大的洛阳城开始诞生。

历史

洛阳，是中国东周王朝、东汉王朝、西晋王朝、北魏王朝、后唐王朝的都城。鉴于其正统强大的王朝少于北京、西安，故排第三。

禅情秘意

境——白云深处纳清凉

"千尺崖，百丈绝，鹞鹰飞不过，神仙上不来……"这首童谣说的便是位于九朝古都的洛阳嵩县白云山。近年来，白云山在旅友圈中声名大振，被誉为"中原名山"、"人间仙境"，紧接着又被评为"中国最美的地方"。在这个酷暑难当的日子实在按捺不住内心的渴望，奔向那传说中的仙境吧。

"洛阳牡丹甲天下"，尽人皆知，但你知不知道"洛阳铲"一说？原来洛阳是数朝古都，因而"北邙山头少闲土，尽是洛阳人旧墓"，为考古者、盗墓者所惯用的"洛阳铲"便由此传开，想想真是有趣。

来到白云山脚下，幸运的话还可能赶上山中云雾未尽。放眼望去，层峦叠嶂、林峰险立，云在山中绕，山在云中升，青山与白云，豪迈与柔情共存，宛如

一巍峨丈夫，衣襟飘逸，潇洒而大气，确实堪比仙境。要到达海拔两千多米的山顶，还需要坐车，光看这蜿蜒曲折的山路，虽然已经修缮完备，但仍旧险峻。

那山 那云 那花

据说，白云山上有三怪：一怪，石头和水谈恋爱；二怪，药材当作野菜卖；三怪，一斤空气八百块。来到了高山的落叶松氧吧，第三怪得到了证实。空气中夹杂着草木的清香，沁人心脾。听松涛阵阵，看绿影斑驳，坐在长椅上，人的心平坦而宁静。

白云山的云，如海边的云，有水汽洗濯，无尘烟污染。顷刻间，轻云薄雾像缕缕炊烟从壑底飘起，一会儿铺卷开来，于是汪洋一片，如海天相接，山峰似汪洋

中的孤岛。眨眼之间，波涛汹涌，又微波伏岸，气敛雾收，红霞满天，满目青翠欲滴。

这里的高山牡丹争奇斗艳，牡丹的故事让人津津乐道。相传一年冬天，已经贵为一国之尊的武则天想看到花园的百花齐放，就给众花下了命令，结果第二天，唯有牡丹不放，于是她一生气，就把牡丹贬到洛阳来了。不愧为国花，尽显高贵气节。

那水 那石 那村

山得水而秀，水依山而幽。白云山，山亦雄，水亦缓，沟谷山间处处溪水潺潺。千米落差的白河大峡谷内，"九龙瀑布"倾泻而出，一波三折，飞流直下，如白龙出谷，瀑布落差达到100多米，气势如霹雳闪电，雷霆万钧；又似山呼海啸，声荡峡谷，响彻云霄。巨大的落差形成了千姿百态的多级瀑布和深潭，"五步一潭，十步一瀑"，成就了"鳄鱼溪"、"金龟晒盖"、"珍珠潭"、"巨蜥听涛"、"玉女溪"等诸多景点。

"伟人侧卧"堪称一绝：好似一位伟人平卧山巅，身材魁梧，气宇轩昂，不仅形象，而且神似。使人油然而生缅怀景仰之情。伟人卧像身上有三块巨石，其轴线与香港、台湾、澳门的连线是平衡线，且体积比例与三地的面积比例相等。当地

老乡说，它反映了历史上的一瞬间。也就是说，老人家在升天之时又想起祖国尚未统一，成为压在老人家心头的三块心病。

在白云山半山腰坐落着一个古老的村落，叫五马寺村。它有着1000年的历史，淳朴而原始。在村口有一大片千年银杏树守护着，最大的一棵需要7个人才可以环抱起来。据说到了收获的季节，村长按照人口、年龄将银杏果合理分配。你可以在田里帮他们驾牛耕田，双脚踩在犁上，那感觉像是在田地里冲浪。

短短的两天行程就要这样结束了，还真是有点乐不思蜀。玉皇顶的日出、白云湖的留侯祠、伊河的漂流，似乎每个景点都可以消磨一天。"莫道瑶池美，仙境在此间！"世外桃源也莫过于此吧。

其他推荐

天池——涤荡出水样心情

这里说的天池，位于河南省嵩县西北部王莽寨林场境内，距离古都洛阳仅有95公里，是我国目前发现的继"长白山天池"和"天山天池"之后的中国第三大、中原第一大高山湖泊。

光是景区的森林覆盖率，就达到98.57%，景区山静如眠，绿荫如盖，石洁如洗，而一泓清水，则犹如一块温润的水晶，将周围的风景与你的心情都荡涤得清澈透明。

春夏时分，湖面四周群山环抱，清幽高爽，层叠的百花开满山谷，坐在湖边，清风徐来，悠然忘返。尤其是到了盛夏之时，浓荫匝地，将手脚浸入湖中，便觉得遍体生凉。最神奇的是，到了冬季，整个湖面封冻得平滑如镜，坚冰如玉，竟然是中原罕见的天然滑冰场！

除了湖水山林，景区内的"飞来石"也堪称一绝，它坐落在海拔1443米的龙隐峰上，且单向倾斜，摇摇欲坠，有临风再飞之势，被专家称为海拔最高，接触最小，体积最大，是目前已知的中国最大单型独体奇石。从不同方位观看，呈现不同形态，是名副其实的天下第一飞来石。

推荐住

河南的旅游业比较发达，因此找个好地方休息不是什么大问题，只是假日去价格要贵些。要去云台山的话，可以住在云台山庄180元的标准间，黄金周期间不打折。也可宿于修武，距云台山25公里车程，路况良好，房价可以有些优惠。

味——洛阳吃水席

到洛阳，"水席"是不能不吃的，大街小巷都有。之所以称为水席，一是它的每道菜都离不开汤汤水水，二是一道道上，吃一道换一道，仿佛行云流水一般，故称水席。沿至今日的洛阳水席，全席24道菜，水席中有名的"洛阳燕菜"、"假

海参"等，都是民间普通的萝卜、粉条，但经厨师妙手烹制后，便脱胎换骨，味美异常，如奇花绽放，让人叫绝。我们选的是在火车站对面的一家，好像叫金谷，吃的是水席套餐，每人50元的套餐包括2个双拼、4个热菜，有洛阳燕菜、小酥肉、洛阳肉片等，4个人吃足够。

河南菜的风味特点是：取料广泛，选料严谨；配菜恰当，刀工精细；讲究制汤，火候得当；五味调和，以咸为主；甜咸适度，酸而不酷；鲜嫩适口，酥烂不浓；色形典雅，纯朴大方。扒、烧、炸、熘、爆、炒、炝别有特色。其中，扒菜更为独到，素有"扒菜不勾芡，汤汁自来黏"的美称。

赏——洛阳看花

洛阳春日最繁花，
红绿荫中十万家。
谁道群花如锦绣，
人将锦绣学群花。

——司马光《洛阳看花》

一入4月，洛阳便迎来了一年中最美丽的时刻，一年一度的"洛阳牡丹花会"即将上演。

从1983年开始，洛阳牡丹花会已经举办了21届。每年到了这个时候，"花开花落二十日，一城之人皆若狂"，不仅洛阳人为了牡丹之美而如痴如醉，而且

"惟有牡丹真国色，花开时节动京城"，所有爱美的国人也为了这国色天香的"花中之王"而心潮澎湃。

牡丹风骨

洛阳盛产牡丹，民间有个极有趣的传说。

说是在隆冬一个大雪纷飞的日子，武则天饮酒作诗，乘酒兴醉笔写下诏书："明朝游上苑，火速报春知，花须连夜发，莫待晓风吹。"百花慑于此命，一夜之间绽开齐放，唯有牡丹抗旨不开。武则天勃然大怒，遂将牡丹贬至洛阳。刚强不屈的牡丹一到洛阳就昂首怒放，这更激怒了武后，便又下令烧死牡丹。谁知道牡丹枝干虽被烧焦，到第二年春，反而开得更盛。人们对牡丹更有偏爱，赞之为"劲骨刚身"、"焦骨牡丹"。宋代欧阳修曾把中国各地的牡丹加以对比，得出了牡丹"出洛阳者，今为天下第一"的结论。自此，"洛阳牡丹甲天下"一说便流传于世。

洛阳赏花地图

牡丹在洛阳栽培的历史已经超过了1500年。现在在洛阳种植的牡丹有900多个品种，其中"姚黄"为王，"魏紫"为后。

牡丹公园牡丹园

位于涧西区西苑路中段，园中牡丹以花大色艳而被游人称道。

乘车路线：可乘坐103路、50路、8路等到上海市场站下车向西。

王城公园牡丹园

这里是洛阳观赏牡丹最重要的场所，有320个牡丹品种，而且有从日本引进的20多个日本品种。

乘车路线：可从火车站乘坐103、102、40路到王城公园下车。

国色牡丹园

这里有牡丹400多个品种，已经被命名为国家牡丹基因库，因为地处邙山，所以花期稍晚于市区。这里收集失散在各地的洛阳牡丹品种，搜集野生牡丹资源，要想欣赏很珍稀的牡丹品种，一定要来这里。

乘车路线：从火车站乘51路到国色牡丹园。

滨河公园

洛河既有舟楫之便，又有风景之胜，千余年来，这里的秀美景色使无数诗人留连忘返。在这里，看花、看景，都是好享受。

TIPS

北京距离洛阳很近，周末去洛阳赏花，适合乘坐火车或者自驾车前往。

火车：最适合的火车车次为2101，夕发朝至，时间安排最紧凑。

自驾车：走京珠高速到郑州，然后上开洛高速至洛阳，路况很好，车程7-8个小时。

来过就不曾离开

成都

　　成都宜居，早已是很多中国人的共识。在成都逗留几日，整个人就从忙碌和急躁的状态中脱胎换骨，似乎每个毛孔都向外透出悠闲、滋润之气来。成都人的日子，没别的，就是安逸和"巴适"。几乎每一个成都人都会欣然接受，得意洋洋并底气十足地说出同样一句话："成都是一个来了就不想走，走了还想来的城市。"

历史

成都，是中国蜀汉国、成汉国、前蜀国、后蜀国的都城。

禅情秘意

境——成都宜居的天时地利人和

成都宜居之天时——四季分明，阴阳调和，夏无酷暑，冬无严寒。

中国人倘要成就一事，必先讲求所

谓天时地利人和，这是很文明、很哲理的评判标准。因此大家都说成都宜居，也不是随便说的，确实在这几个方面都有可观可取之处。

成都这座城市，四季分明，阴阳调合，夏无酷暑，冬无严寒，气候潮湿洇润。热，不致让人肝燥冒火；潮，也不会把人闷得发霉。西北沉寂的干旱、南方咆哮的洪涝在这里很少见，沙尘暴离它还很

远，估计一时半会儿到不了。天时甚佳，毋庸置辩。

这就是成都为什么让人不想走的原因之一：想洋则洋，想土则土。把城市当乡村过，没有一点问题，而且还很时髦。你想过繁华都市生活，成都有酒吧、咖啡馆、KTV，有一切大城市里有的元素；你想回归淳朴的村野生活，成都有花乡、菜地、山泉，有一切小村落里有的东西。这样的城市还不宜居，哪里才宜居？爱"耍"会"耍"的成都人，无时无刻不在找新乐子。他们已经不满足于总在城里泡茶馆、串酒吧了，老是那一套，没劲！

成都宜居之地利——富庶甲天下，古称天府之国。

至于地利，成都更是得天独厚。平原一望，沃野千里。物产丰饶，富庶甲天下，古称天府之国，殆不为过。历朝历代都把这里当做中国的战略大后方，当然与它的地利有关，与它极为丰富的资源有关。现今很多大中城市都在缺水喊渴，成都人根本不犯这个愁。充沛的雨量和丰富的水能资源，使它更多考虑的是如何在开发利用上大做文章。特别值得大书一笔的乃是成都平原上那独一无二的"都江堰"，这古老的水利工程乃是天府之国风调雨顺、旱涝保收的生命线。

在成都，光吃喝不行，吃喝完了还得去逛景啊！这个念头一动，脑子就管不

住两条腿了。不出成都市，就可以游览"杜甫草堂"、"武侯祠"，还有"文殊院"、"青羊宫"、"望江楼"，全是天下著名景点。走到哪里都有驻足留心之处，不乏慨叹吟哦之情，别说写一篇游记，有才情的都能编半部书了。

走远一点，值得去的地方就更多了。要知道，成都方圆400公里之内，就有四个世界级文化遗产：峨眉山、青城山、都江堰、金沙遗址。它是世界上唯一

一个有此特殊优势的城市，这就是为什么在成都人的心里，旅游是一件很简单的事情。

到了成都，自然要去青城山一游。"青城天下幽"，一个"幽"字，写尽这座道教发祥地的娴静、深邃、神秘。说来奇怪，爬山当天天气闷热，到达山门前已微微出汗，但一走进写着"青城山"三个大字的山门，立刻觉得清凉爽气，周身舒坦，再无酷暑闷热的感觉。山上古木参

容易实现。

在成都潮湿氤氲的气候里，出太阳就是节日，特别是在冬季，太阳一出来，街上到处是开往茶馆的车。很多成都人会立刻跑到外面晒太阳。出太阳是要当做节日来庆祝的，而不管到哪里晒太阳，庆祝方式必然是——打麻将。在成都，每个人都在打，每一家都在打，每个景点都在打。麻将声声，标志着更高境界的歌舞升平。

其实说到茶馆一回，就很难回避与之"荣辱与共"的纸牌与麻将，因为这也算中国人最普及的大众娱乐项目。只不过在成都，麻将普及得更广泛、更投入、更兴高采烈。成都的麻将风盛行多年，驰名中外。

不管在家还是出游，也不管是朋友还是同事，在成都，打麻将就是最主要的娱乐方式。成都麻将的游戏规则也制定得很合理且很聪明。亲自上阵打两圈号称"血战到底"的成都麻将，你就会知道，成都人已经把这项中国传统娱乐研究到了极致。

这就是成都人，他们愿意也可以花不少时间在吃喝玩乐以及如何吃喝玩乐上，因此成都才会有"耍都"这样吃喝玩乐聚集于一身的街道出现。

天，层峦叠翠，怪不得人称青城山是座巨大的"天然氧吧"。青城山上的历史遗迹、人文景观不可胜数，宗教氛围浓郁，丝毫没有风景区那种嘈杂混乱。若说消暑隐居，怕是没有比这儿更美的地方了。

成都宜居之人和——不争一日之长短，不拼片刻之高下。

有了天时地利，难怪成都人丹田中平添三分底气。的确，即使是在战乱年代的逃荒岁月，成都也始终是中国的世外桃源。世世代代的成都人都认为：又没有人来剥你身上衣、夺你口中食，有什么日子过不去呢？《红楼梦》中生在苏州、长在荣国府深宅大院里的林妹妹都写过"盛世无饥馁，何须耕织忙"这样的诗句，乐天知命的成都人又怎会为养家糊口的区区生计去穷折腾、死打拼呢？于是，成都人的心态十分闲适轻松，随遇而安，不争一日之长短，不拼片刻之高下。没有了激烈的竞争、膨胀的压力，"人和"自然

都江堰、杜甫草堂、周边古镇

成都的慵懒，不是毫无骨气和思想的懈怠，而是带着悲天悯人的文化气息与历史因缘。

都江堰是朴实而巧妙的。江边泡上一天，看看风景和古迹，尝尝富于乡野气息的小馆子。想去都江堰，到成都新南门车站买票，票价12元左右。或者在长途汽车站外搭伙租车，带司机。

成都城外的杜甫草堂同样著名，却更为书卷气。公车可以非常方便地到达。几个朋友不妨打车，跟北京比，实在划算。

如果有更多时间，建议包车或者乘坐长途汽车逛逛成都周围的古镇。它们就像农贸市场里的辣椒一样，数量众多、品种丰富、平凡常见、味道十足，却又各具特色。

北京人比较熟悉的应该是黄龙溪，这个有着1700余年历史的川西古镇就位于成都市东南约30公里处的双流县——以兔头闻名的地方。每年正月初一至正月十五，黄龙溪还要耍火龙、玩水龙，热闹古朴。成都新南门汽车站有到黄龙溪的班车，8：00~16：00，每隔1小时一班；红牌楼发车每半小时一班。除了黄龙溪，还有悦来古镇、怀远古镇、街子场、上里古镇、平乐古镇等等，交通方便，不妨根据时间自由安排。

味——跟着美食地图吃

因为爱吃，舍得吃，喜欢吃，因此成都人始终认认真真、一丝不苟地捣饬"川菜"——顺便说句话：一般来说，精美丰盛的饮食文化，只能产生在富裕和闲适之中——成都的菜肴，可谓品类繁多，花色百出，五味杂陈，脍炙人口。他们还同样热热闹闹、一往情深地调配火锅——火锅诞生于重庆，但"精耕细作"都是在

有一番情致；想吃实在的，就去本地人喜欢的红杏酒楼，性价比一流；想吃不了兜着走的，干脆去家乐福——这里拥有全世界独一无二的食品柜台：辣干子、卤鸡翅、麻辣兔头，等等，就着冰啤酒，觥筹交错，兴致勃勃。推荐去书店买份成都美食地图，牛皮纸，手绘风格，不仅有各大小食肆的地址与介绍，更有关于文化生活的简介，颇有风格。

玩——泡茶馆掏耳朵

想了解成都人的生活，去茶馆看看。泡茶馆，最好是下午，露天茶馆最有风味。

想文艺一点儿的，去成都画院院内露天茶馆和文殊院，这两处都与水相邻，充满禅意和雅兴，多多少少又与艺术沾边，没有普通茶馆麻将声的喧嚣。

望江公园旁的河心茶庄，还有人民公园中的茶庄，都是更加市井和随意的地方。你会发现，无论是否周末，好像全成都的老百姓都在以悠闲品茶聊天为生活的全部。掏了茶钱，就可以自己拎上一个暖水瓶放在桌子边，喝光了再请服务员提一壶来，无限期地续水再续水。饿了，再花1元钱痛快地吃一碗豆花；闲了，摆上龙门阵；寂寞了，还可以花上5元钱掏耳朵，在轻挠轻痒间痛快地叫上一声："好巴适！"

成都，是成都人把火锅钻研到底，把火锅文化发扬光大。滋补营养，麻辣鲜烫，精品大众，风行天下。

朋友之间的聚会，大多是在饭局上。在成都，大群朋友每天游走于大街小巷，让味蕾做一次最彻底的感官之旅。想吃市井的，就去街边写着"手提串串香"的小铺面，一毛钱一串；想吃情调的，就去江边的蓉锦一号，中菜西吃，别巴适的成本极低，在上面说过的几个茶馆，通常只要花费8~13元不等，如果你不想走，可以一直坐到关门。

推荐去处

平乐古镇

川西版的"清明上河图"

交通：旅游客运中心站（原新南门汽车站）每天都有直达平乐古镇的班车，车程将近2个小时，也可在金沙车站坐车到邛崃，再转车到平乐古镇。

住宿：清晨和傍晚的古镇风情别样，若不赶时间可在古镇的客栈住一晚。

美食：奶汤面、孙血旺、钵钵鸡、竹笋烧鸡、笋子虫、玉米馍馍、野菜等。

其他：逢公历1、4、7是平乐镇赶集的日子。

黄龙溪

偷得浮生半日闲

交通：旅游客运中心站（原新南门汽车站）有车到黄龙溪，可当日返回成都。

美食：黄辣丁、焦皮肘子、珍珠豆花、炸小鱼小虾、野菜等。

其他：对那些要带你去看大佛（新修的）、算命的人要果断拒绝。

洛带古镇

为吃而行

交通：可在成都坐219路公交车或旅游客运中心（原新南门汽车站）坐车到洛带，车程1小时左右，可当日返回成都。

住宿：在洛带找不到酒店，以旅馆和客栈为主，价格也不贵，几十元就能搞定。

推荐住

奢华之选——成都香格里拉大酒店

这是一间在2007年才开业的新酒店，号称是整个西南地区最奢华的酒店。此言虽然有些绝对，但是既然是"香格里拉"旗下的西南地区旗舰酒店，品质就一定是当然的高水准。它就位于成都市中心，滨江东路9号，要去购物、吃喝，都很方便到达。

情调之选——锦里客栈

成都也有不少情调客栈，深受老外们的喜爱，其中最值得推荐的一家便是锦里客栈，用网友们的评价就是"很舒适，很清静，很有feeling"。客栈位于武侯祠旁边的一条做得很不错的仿古街内，以清末民初建筑为主，由客栈、隐庐、芙蓉第三座风格各异的建筑群组成。

吹皱一池春水
——杭州

"熏风自南至，吹我池上林。"自古可以称得上熏风的，都有些缱绻的情愫在里面，而杭州自古便是著名的温柔乡。西子湖畔，折柳邀月，自有一番风流情致。现代的杭州城依旧保持着婉约隽永的柔软感，却又在诗情画意之外有着自己的清醒和智慧。让心神摇曳的方法有多少？游西湖，大抵是最妙的了。

历史

杭州，是中国吴越王朝、南宋王朝的都城。

禅情秘意

《马可·波罗游记》说，杭州是世界上最高贵、最美丽的城市。杭州之外，中国还有很多别的美丽。于是，哥伦布把这本游记放在自己的驾驶台上，向大海进发。由他开始，欧洲完成了地理大发现。航海家们没有抵达杭州，但杭州一直是隐隐约约地晃动在他们心里的罗盘之一。

——余秋雨《杭州的宣言》

境——西湖养成 淡妆浓抹总相宜

几千年前，西湖还是一个刚与海洋分开的泻湖。几千年，杭州人将西湖"养成"了一个精致、秀美的样子。杭州因西湖而成天堂。西湖既是杭州的脸面，又是杭州的背景。脸面漂亮，人自然会趋之若鹜；作为背景，西湖即使不在杭州的眼前，也在杭州人的身畔，时时处处、随时随地都与杭州人的生活休戚相关。

感谢杭州政府吧，整个西湖绝大部分景观不收门票实在是一个英明的举措。

这让西湖没有围墙，跨过马路便可以亵玩。这几年，杭州政府对西湖做了大量的整治、扩建工作，西湖由一潭死水变成了活水，湖区面积也扩大了许多，一个西湖养了几千年，杭州人懂得积淀的含义，对西湖以及周边环境的精心设计和改造让杭州人自己也颇感自豪，这着实不容易。杭州人将自己几千年来对园林的理念、理解都融进了对西湖的改造中，环西湖的可以随时随地租到自行车；景观深处也有别致的电话亭让你随时与世界沟通；杭州就像个大盆景，西湖是主景，也是南山路上林林总总的咖啡馆、酒吧、茶楼借景收买眼球的一部分；湖滨路上鳞次栉比的国际顶级大品牌的绝佳背景，而这当中的你也可能是这景色中动人的一部分。

西湖养成了杭州人的精致和悠闲

有了好景就要抒发，不能用各种感觉器官去享用它，那是会郁闷坏的。南宋小朝廷文化被杭州人传承得很好并形成了一整套完整的生活方式和仪式，这套生活方式绵延千年始终没有丢失，也由此有了杭州人的那份自信和平和。杭州人对自然的敏感性最强，西湖第一朵桃花什么时候开、第一壶茶在哪里泡，全杭州人一丝不苟，津津乐道。

对大多数杭州人来说，休闲是日常生活的一部分：周末全家带上一副扑克牌到西湖边一坐就可以过上一天，很平常；

每天早起一点儿到附近的山上爬一爬，喝完一杯新鲜的茶然后骑上自行车从从容容地去上班，很正常；周末或约上朋友或带上家人开车到周边郊区寻一家地道的茶馆、味道好的餐厅泡上一整天，是经常；找一家好的洗脚店洗洗脚犒劳自己，是杭州人的爱好。杭州人的休闲形式纯粹、简单，但对所去之地，所喝、所吃、所看之物却又绝不凑合，不比北京的餐馆、酒吧、咖啡馆，周一至周四爆满，见得多的不是同事就是客户，周末则冷冷清清的。在杭州，周一到周四茶馆、酒吧、咖啡馆通常是清清淡淡，周四开始才好像调动起休闲的神经，家家爆满，多是家人、朋友一起，聊天、喝茶、打牌，从这点上看，杭州实在还不是很商务。那种写字楼周边

涌动的上下班人潮在杭州也基本看不见。对杭州人而言，休闲即是生活，你很难把两者分得很清。

推荐去处

京杭运河

　　杭州是京杭大运河的终点，优美的拱宸桥是古运河杭州的终点标志。古运河留下的码头、船坞、桥梁和民居散落其间。清末，古运河畔是戏曲荟萃之地，盖叫天等京剧名伶经常在拱宸桥一带演出。现在这里有许多有格调的餐厅，你可以看着运河品尝美食和美酒。

味——杭帮　早春食鲜

　　早春"食"节寻春鲜，以杭帮为轴

心的江南必然是"鲜"味最浓的地方，让你吃出一个最"鲜"美的江南。

食材：水芹

江南人家在过年饭桌上有一道菜必须要有，那便是水芹。由于水芹管状的通茎，让它有了个"路路通"的美誉，于是它便十足成了一道"口彩菜"，讨的就是新的一年路路通达的好彩头——虽然隆冬时节就有水芹吃，但要说能卖得上好价钱，那还是得在初春时节，因为这个时候的水芹最为鲜嫩。

"水芹"，顾名思义，是长在水里的一种芹菜。它与我们平时常吃的旱芹和西芹的区别，不仅仅是中空的通茎，还在于更加脆嫩、水灵的口感，另外由于其含有较多的挥发油，所以它还具备了一种独有的香气。至于做法，可凉拌、可清炒、亦可做馅，海米炝水芹、水芹炒肉丝、水芹羊肉饺、水芹拌花生仁都是常见的家常菜，而一道水芹炒香干则是个中经典。

食材：春笋

尝鲜无不道"春笋"，到江南吃春，首当其冲的那必然就是春笋了。所谓春笋，即立春后采挖出的竹笋，每到阳春三月便是大量上市的季节。剥皮后的春笋色泽洁白如玉、肉质鲜嫩、味美爽口，自古人们便把它誉为"菜王"，李渔曾在《闲情偶寄》中将其赞为"蔬食第一品"，"能居肉食之上"。

春笋味道清淡、鲜嫩，不但水分足，且营养丰富，"高蛋白、低脂肪、低淀粉、多纤维素的营养美食"说的就是它了。至于春笋的做法，荤素百搭，炒、烧、煮、煨、炖、拌、炝皆可，不同部位吃法也有区分：嫩头或清炒、或凉拌，吃其青嫩；中间部位切片可炒、可烧，尝其脆爽；根部稍老可切块与肉类原料或炖、或煨，取其腴美。

春笋的好处多多，南北方人都很喜欢。但需要提醒一下的是，肠胃不好的朋友还是要少吃。也不是绝对不能吃，可选择笋尖最嫩的部位少量食用。另外，在制作春笋时一定要把它汆烫一下，因为里面含有草酸，草酸会影响对钙质的吸收，如草酸摄取得过多并和钙长期地融合会产生结石。当然了，这属于一个漫长的时间和过程，但仍要汆烫后再食用为宜。

食材：慈姑

"慈姑"是一种江南的水生植物，由于很常见，所以物美价廉，据说在水塘里撒种便长，一株可结十几个果实，有如慈母抚育孩子，所以也就有了"慈姑"这样一个名字。慈姑出于水，自然气味清香，但是稍有苦味，所以在入菜的时候多加点儿油水一起焖煮，吸收了肉味之后才最好吃——有人说慈姑"嫌贫爱富"，有了肉才显得香，这话说来一点儿也不为过。

龙井虾仁

这是最富有杭州地方特色的名菜。虾仁玉白鲜嫩；芽叶碧绿、清香，色泽雅丽，滋味独特，食后清口开胃，回味无穷，在杭菜中堪称一绝。"龙井虾仁"选用活大河虾，配以"清明节"前后的龙井新茶烹制，虾仁肉白。鲜嫩龙井虾仁，茶叶碧绿、清香，色泽雅丽，滋味独特，是一道杭州传统风味突出的名菜。

外婆家

杭州大厦D座5楼

0571-85270489

西湖醋鱼

推荐吃

南宋名将的定胜糕

传说，南宋名将韩世忠在松江一带驻防，苏州百姓送来几箩别致糕点，里面用纸条写着金军的阵势。后来韩家军大获全胜，将军就把这糕命名为"定胜糕"。它带有甜味，色呈淡红，松软清香，入口甜糯。将配置好的米粉放进特制的印版里，中间再放入红豆沙，蒸少许时间就可以了。糕点比较软，有点松，带甜甜的豆沙味。

知味观

杭州直戒坛寺巷20号

0571-85055798

"西湖醋鱼"是杭州名菜中的看家菜，又称"叔嫂传珍"，传说是古时嫂嫂

给小叔烧过一碗加糖加醋的鱼而来。选用
体态适中的草鱼，最好先在清水中氽熟，
要掌握火候。装盘后淋上糖醋芡汁。成菜
色泽红亮，肉质鲜嫩，酸甜可口，略带
蟹味。

白鹿

杭州西湖文化广场

0571-88987698

泡出一针新碧

　　杭州人偏爱茶馆，过于浓情和热情
的咖啡馆、酒吧在杭州是敌不过若即若
离、闲情满溢的茶馆的。据统计，杭州目
前有七百多家茶馆，这样的密集度在国内
绝对数一数二。喝茶，从来都不只是满足
一种口感，杭州人尤甚。他们讲究的是品
茗赏景之趣，这是一种风雅而诗意的
情致。

金庸茶馆

　　去"金庸茶馆"的人，多半有个武
侠梦。坐在这里，捧一本年少时痴迷的武
侠小说，品一杯上等的龙井，望远处重峦
叠嶂，不知名的水鸟倏地从水草丛中掠
起，自己已仿佛成为一名大侠，游走于金
庸武侠的刀光剑影之中。

西湖区杨公堤北口

0571- 87996612

心源茶楼

　　悠长的回廊，清丽的壁画，隽永的
诗联，浓重的文化气息弥漫着整个茶楼。
在紫砂壶里放上杭城人最喜爱的西湖龙
井，用沸水一冲，翠绿的茶叶芽芽直立，
上下浮沉，片刻汤色便上来了，清香四
溢。在这里除了喝茶，还能听戏。

庆春路278号

0571-87659265

玩——不仅仅是茶香

行走杨梅岭 "品" 一缕茶香

　　"诗写梅花月，茶煎谷雨春。"这
是杭州春茶采摘的季节，也是全民品茶赏
春的时候，被春雨洗过的嫩芽立在梢头，
青翠鲜嫩，又干净又精神。杨梅岭，这个
小山村以往其貌不扬，完完全全的农家
格调，但也开始显山露水。搭一辆Y3公

交，从繁华的苏堤、赤山埠、满觉陇一路过来，从满觉陇路进入。往里走，接连着的是几处修缮过的农家院落，木栅栏、青石板，冠以"溶云间"等雅致的名字，拾掇过的小院，安上了石桌、石凳和秋千，简陋的小楼，装修成古典欧式风格，还配上管家和服务员，摇身一变，成了现代人隐居之所。

个妙处，从村里踩着青石板一路下坡，便是著名的九溪十八涧了。九溪十八涧溪水潺潺，溪水是流动的，茶树是安静的，空气是漂浮的，恍若仙境。

西湖区街道杨梅林村

全天

西溪之胜 独在于水

杨梅岭是狮峰龙井茶的主产地，越往里走，农家风味越足。两侧青山苍翠欲滴，一路小溪穿村而过，热情的农夫、农妇吆喝饮茶吃饭，不喧闹，不造作，这一切都刚刚好。到杨梅岭喝茶赏玩，还有一

西溪，古称河渚，"曲水弯环，群山四绕，名园古刹，前后踵接，又多芦汀沙溆。如今的西溪国家湿地公园坐落于杭州市区西部，占地面积10.08平方公里，集生态湿地、城市湿地、文化湿地于一

身，堪称中国湿地第一园。

西溪湿地以独特的风光和生态，形成了极富吸引力的一种湿地景观旅游资源。湿地内河流众多、水渚密布、温度适宜、雨量充沛、植被繁多，大面积的芦荡，众多飞禽走兽，到处鸟语花香，空气清新。在西溪，你可以泛舟水上，可以垂钓河塘柳荫，秋风中可以观柿听芦，冬日里可以探访梅花，也可以在初春时踏青漫步，在夏日下采菱赏荷，其中的野趣妙意，真是令人流连忘返。

天目山路西溪国家湿地公园

7:30~17:30

门票：80元

吴山夜市 老杭州的夜生活

有着20多年历史的吴山夜市，始于20世纪90年代。1989年，就有人在吴山路一带摆地摊做生意，最早以卖古玩字画为主。2000年以后，吴山夜市搬到了惠兴路一带。从此，夜市不在吴山路，也不在吴山广场，但是杭州人还是叫它吴山夜市。因为叫惯了，舍不得改口。

如今，这条老底子的古玩字画街也已变成了小百货一条街，男女服饰、鞋包、钟表、打火机、电脑配件、手工艺品，应有尽有。也许有人会说，夜市不就应该是这种感觉吗？买吃的，买喝的，买玩的，不拘小节，热热闹闹。

仁和路和惠兴路，工人文化宫前

18:00~22:00

3天玩转攻略
DAY1
灵隐寺——杨梅林

灵隐寺位于西湖西北面，取"仙灵所隐"之意，光听名字便知其隐于山林，环境清幽。不过灵隐寺内香火鼎盛、信徒纷至，特别是大年初一凌晨抢头香，甚为壮观！灵隐寺拜完随即便可到杨梅林感受一下杭州特色龙井茶。

DAY2
双口井——蒋村

骑车游，全长10公里左右。从西溪路双口井进入西溪谷慢行道，骑游西溪谷慢行道，再从天目山路转到西溪湿地的福堤，游西溪湿地，参观湿地博物馆、3D奇幻艺术馆。到达蒋村慢生活街区，逛特色店铺，品浓郁咖啡，漫步在集市街头，品尝溪鱼河鲜的美味。

DAY3
西溪湿地——吴山夜市

西溪国家湿地公园空气清新。在西溪，可以泛舟水上，可以垂钓河塘柳荫，可以充分感受到春天的气息。晚上则可以去吴山夜市购买一些自己喜欢的东西，这儿可是年轻杭州人最爱逛的夜市，有得吃，有得买，一定不会令你失望。

推荐住

秀庄 偷得茶园半日闲

不论本地人还是外地人，去茶园问

茶都是杭州生活的一大乐趣。除了品尝新
茶和美食，有些茶园也提供住宿，比如
"秀庄"。它背靠玉皇山，四周茶园环
绕，每间客房都有独立的阳台或露台，阳
台上还种着茶花。

杀手锏：庄主每日取自虎跑的限量
山泉水会温馨地出现在茶几上，配上茶园
自制的清新龙井，阳光折射下的茶烟会让
人感受到心灵的宁静。

杭州市西湖区虎跑路四眼井30号秀
庄茶园旅馆

0571-87969989

620元/晚/间起

居悦 半隐居生活

在熙熙攘攘的灵隐寺附近，有一个
叫做"白乐桥"的地方，村名来自白居易
当年的灵感，并一直沿用至今。据说许多

艺术家、作家都居住在这里，过着半隐居的生活。居悦精品客栈就建在村子里，你可以一觉睡到自然醒，坐在庭院里看书晒太阳、喝茶煮酒聊聊天，或者聆听寺院的钟声，体悟生活的美好。虽然房间的数目不多，但每一个房间都被布置成一种不同的风格。静心装扮的院落和露台，幽雅而舒适。在这里，你可以暂别尘世的烦恼与喧嚣。

杭州市灵隐支路白乐桥279号

0571-85096279

佛语佛心

星云大师: 人间佛教

若对佛学略知一二，便必知星云大师。困惑时、迷茫时，很多人都会读《星云禅话》来静心。

佛经里有段故事，信徒问禅师："什么是佛？"禅师十分为难地望着信徒："这不可以告诉你，因为告诉你，你也不会相信。"信徒说："师父，您的话我怎敢不信，我是很诚恳地来向你问道的。"禅师点点头："好吧，你既然肯相信，我告诉你，你就是佛啊！"信徒惊疑地大叫："我是佛，我怎么不知道呢？"禅师说："因为你不敢承担啊！"

星云大师所传播的"人间佛教"正是此意——只要你敢承担，你就是佛，大师希望每个人都能承担自己所能承担的事情，世界便会和平安静。

星云大师是谁？

台湾佛光山开山宗长，以弘扬"人间佛教"为宗风；他是佛教作家，撰写的《释迦牟尼传》、《玉琳国师》印行高达数十版，读者从祖父辈到儿孙辈，堪称台湾出版史上的畅销书；他是教育家，一介布衣身份，已在美、台办成3所大学；他是出版家，《佛光大藏经》的编修，最能说明大师的慧心；他是慈善家，佛光山的福利项目洋洋洒洒，举凡医疗服务、养老育幼、辅导教化、社会关怀、临终安慰等，大小项目十余个。

《包容的智慧》

作者：星云大师、刘长乐

推荐理由：凤凰卫视总裁刘长乐与人间佛教的开创者星云大师，一位是传媒界领军人物，一位是佛界宗师，两位作者的经历和事业看似毫无交集，但当他们就社会现状、人生态度、企业管理等话题进行交流时，古老的东方哲学与现代的都市人生呈现出完美的交融。

内容介绍：星云大师说，正是因为中华文明和佛家文化的包容之功，才使得佛教成为我们取之不尽、用之不竭的宝藏，可见包容是因也是果。长乐先生语，从细处看，是滴水穿石；往远处看，是百川归海。

禅意生活

禅与茶

茶禅一味，"禅"是心悟，"茶"是物质的灵芽，"一味"就是心与茶、心与心的相通。品茶就如同参禅。茶与禅都追求着一种精神上的提升。禅之精神在于悟，茶之意境在于雅，茶承禅意，禅存茶中。一杯好茶可以反映人生百态，苦后甘来的滋味，只有品茶参人生者才可以说得出。煮一壶沸水，沏一杯好茶，拿起茶杯，放下心事。以一份清静心，让自己去好好享受这种草木滋润的怡然自得。

禅与食

谁说饮食不是一种修行。很多寺庙都有五观堂。食时五观，僧人吃饭也要心思五事。"计功多少，量彼来处"、"忖己德行，全缺应供"、"防心离过，贪等为宗"、"正事良药，为疗形枯"、"为成道业，故受此食"。不为出家人，不必如此严苛。但素食也是一种态度，一种返璞归真的存在，一种向往自然的真实，一种闲适节俭的回归。摆脱欲望的羁绊，找回真实的自我。

禅与诗

禅与诗是两种不同的意识形态，但禅与诗都流转着一首永恒的慈悲之歌。对世有思，对世有感，得来诗意与禅意，诗和禅都需要。只要是诗歌，就与禅具有共通的本质——敏锐的内心体验和对觉悟的追求。禅与诗都把生活的体验剖开，使原本存在于事物中的本质的东西重新凸现出来。好的诗人通常有一颗明净安宁的禅心。读读禅诗，反观自己的生活，在细节中追寻生命的禅意。

禅与书法

人说身体是和心灵紧密相连的。书法作品中的一笔一画，都是书法家心灵的外显。禅要修心，书法也要修心。书法研习是对心境的磨炼，平和中达到一种超脱的境界。书法使人可以与心灵深处的自我深度对话。书法以其艺术上的超然神态，表达着书法家心中的意境，"意"境就是"禅"境。深思相应，心手合一，书法家的大智大慧的禅思和无法言说的心灵体验，便在这一横一竖，一撇一捺的气定神闲中表现淋漓了。

推荐书目

《禅意生活》

　　《禅意生活》用行云流水般简单易懂的言语，告诉我们一些可以轻松运用于日常生活中的禅的道理和方法。

　　作者: 松原哲明

　　译者: 王宁元

　　出版社:华夏出版社

　　定价:29.00元

《守住这颗心》

　　任何生命都要经历磨难与平凡，法师认为，面对烦恼，只要保持一颗淡定与忍耐的心，生命就不孤单。

　　作者: 延参法师

　　出版社：同心出版社

　　定价: 29.80元

《茶味的初相》

　　用茶人的第三只眼看茶、看人、看世界。

　　作者: 李曙韵

　　出版社: 安徽人民出版社

　　定价: 36.00元